LE CANTON

DE

BESSÉGES

ÉTUDE POLITIQUE

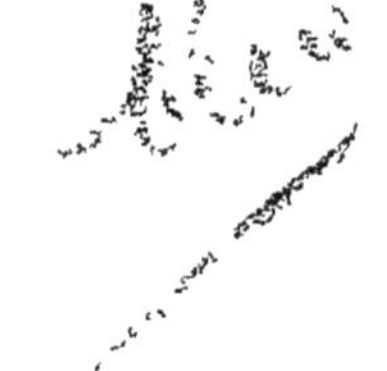

PAR

Léon BARRY

Fais ce que dois.

PRIX : **UN** FRANC

MONTPELLIER
IMPRIMERIE ET STÉRÉOTYPIE SERENO ET CAMOIN

M DCCC LXXVIII

LE CANTON

DE

BESSÉGES

ÉTUDE POLITIQUE

PAR

Léon BARRY

Fais ce que dois.

PRIX : UN FRANC

MONTPELLIER
IMPRIMERIE ET STÉRÉOTYPIE SERENO ET CAMOIN

M DCCC LXXVIII

MONTPELLIER. — IMPRIMERIE ET STÉRÉOTYPIE SERENO ET CAMOIN

A MONSIEUR LE SÉNATEUR JULES CAZOT

Honoré Sénateur,

Il y a douze ans, tandis que la France opprimée subissait le tyran, le premier vous donnâtes, dans le canton de Bességes, le signal du réveil de la conscience publique outragée.

Depuis vous n'avez cessé de favoriser le développement des idées de liberté, dont vous avez inondé nos cités du travail, encourageant par vos sages conseils et votre éloquente parole ceux qui soutenaient la cause de tous.

*Permettez à l'un des plus modestes continuateurs de votre œuvre, de vous offrir ces lignes, comme un juste tribut dû à l'*Emancipateur politique de Bességes, *et un bien faible témoignage de la reconnaissance républicaine d'un de ses enfants.*

L. BARRY.

Bességes, le 15 juin 1878.

AU LECTEUR

En résumant la série des luttes politiques qui se sont succédé dans la période la plus féconde peut-être en consultations électorales de l'histoire de notre pays, je n'ai pas eu la prétention de tout relater, mais seulement de jeter un peu de lumière sur le passé, et surtout d'indiquer par quelques jalons la voie qu'a suivie le parti républicain dans le canton.

Cette étude a été trop rapidement faite, écrite trop à la hâte, pour comporter des développements que je reconnais, comme le lecteur, nécessaires, mais que le temps, et quelquefois des motifs d'un ordre purement politique, ne m'ont pas permis de noter.

Il y a par exemple dans les élections locales, à côté du principe, des questions tellement personnelles, que je n'ai pas cru devoir m'arrêter longtemps sur certaines d'elles, pour ne créer aucune animosité par trop ouverte entre les influences qui se disputent la prépondérance dans nos communes et le parti républicain. D'ailleurs, à discuter les actes politiques de l'un, je ne pouvais me dispenser d'étendre sur tous cette discussion, à moins de manquer d'impartialité.

D'un autre côté, le nombre des faits soumis à cette critique est trop considérable pour ne pas en oublier, et des plus essentiels quelquefois, dans un si court aperçu.

Il m'a semblé préférable de voir une élection sous un autre jour que celui des détails, qui se reproduisent presque toujours les mêmes, soit qu'ils portent sur des personnes ou des choses en dehors de la question électorale posée, et que tous ceux qui se sont un peu occupés de propagande républicaine connaissent trop bien, pour les énumérer ici avec fruit.

De chaque élection, en effet, se dégage une idée dominante qui prévaut, qui est cause du résultat du vote, dont on trouve l'origine dans les événements politiques du moment, ou quelquefois dans l'influence du candidat ou de ceux qui le patronnent.

C'est cette suite d'idées que j'ai tenu à placer sous les yeux du lecteur.

Les unes sont vraies, et ont puissamment contribué à propager dans le corps électoral la connaissance et l'exercice du droit de chaque citoyen devant l'urne; les autres, par leur pratique, ont eu les plus funestes résultats, parce qu'elles avaient pour point de départ l'équivoque ou l'erreur, sciemment propagées par des intéressés.

Vous chercherez peut-être, cher lecteur, dans cet opuscule, l'organisation du parti républicain, et vous vous plaindrez de n'en trouver aucune trace de description.

Rien n'est plus précieux, je le sais, que cette connaissance pendant une période électorale ; mais il n'est rien d'absolu en fait d'organisation, tout variant selon les moments, les événements, les hommes et les questions qui s'agitent.

En fréquentant les comités, on acquiert cette notion insensiblement, et on ne l'applique bien qu'à la condition qu'elle est l'image renversée des opinions à combattre, et le résultat de l'étude approfondie de toutes les forces électorales.

On peut cependant établir en principe, d'une manière générale, que, pour avoir des chances de succès, une élection doit s'étayer sur une organisation, non pas en tous points neuve, mais assez modifiée, transformée, pour dérouter des adversaires en quête de renseignements.

Ce n'est certes pas pour cela que ces lignes ont été écrites ; nos adversaires en savent d'ailleurs assez long, sans que nous prenions encore le soin, nous-mêmes, de les éclairer sur nos projets.

Mon but était de condenser les idées politiques qui ont eu un certain crédit auprès des électeurs depuis douze ans, et non pas d'indiquer les voies nouvelles que la démocratie se tracera peu à peu elle-même, quels que soient les obstacles qu'on lui oppose.

L. B.

LE CANTON
DE
BESSÉGES

I

LES DERNIÈRES ANNÉES DE L'EMPIRE

Quand, dans un canton comme celui de Bességes, de formation récente, composé en majeure partie d'ouvriers d'origines différentes, d'aspirations diverses, d'éducation et d'instruction sans ressemblance, les électeurs ont été tour à tour appelés à se prononcer sur presque toutes les questions politiques, alors qu'ils y étaient à peine préparés, il est bon de dégager les idées qui ont dominé, précédé ou suivi ces luttes pacifiques, afin d'embrasser comme d'un seul coup d'œil cette période duodénale, dont le point de départ coïncide avec le réveil du principe de la Liberté, se dressant contre le pouvoir personnel, et tirer profit à l'avenir des leçons de l'expérience.

Sauf les deux communes de Bordezac et de Peyremale, ce canton ne possède à proprement parler qu'une population empruntée.

Les originaires étant en faible quantité, il s'ensuit que ses habitants, venus de tous les points de la France, y ont apporté leurs habitudes, leurs goûts, leurs traditions, comme aussi leur manière de vivre politiquement.

Ce composé d'éléments hétérogènes devait difficilement s'entendre et se rencontrer sur un terrain politique commun, chacun, cela se comprend, voulant faire prévaloir ses idées.

Unifier ces vues, les conduire à la République, ce régime de l'épargne, du contrôle et du progrès par la liberté, ce régime qui convient à tous, et plus particulièrement aux classes opprimées : tel fut le mobile de tous ces dévouements déployés depuis mil huit cent soixante-huit, par des hommes qui, quoi qu'on en puisse dire, avaient le mérite d'être convaincus, et dont l'incontestable courage fut de lutter avec confiance pour le succès d'une cause éminemment juste, puisqu'elle s'appuie sur tous.

Comme à nos devanciers, ce succès nous est cher.

Et que nos ennemis le sachent bien ! ni les vaines terreurs répandues par des esprits plus frondeurs que sérieux, ni les malheureuses mais respectables victimes que nous comptons dans nos rangs, et que l'on nous montre comme autant d'exemples, ne diminueront notre confiance, ne retarderont le triomphe d'une seconde; il s'imposera bientôt au contraire d'une manière définitive, comme une conséquence logique et nécessaire des événements qui se déroulent sous nos yeux depuis sept années, comme le seul port de refuge où notre pays, à l'abri de toutes les révolutions, et de nouvelles catastrophes, cet héritage des régimes autocratiques, trouvera enfin sa tranquillité, et avec elle sa prospérité.

Dès l'année mil huit cent soixante-huit, une très-respectable partie de la population s'était emparée de cette vérité ; et si, depuis, l'on examine la marche des idées libérales, on doit être pénétré de la volonté politique dominante du canton.

A moins que les influences locales n'étouffent

cette volonté, toutes les élections ne sont elles pas une nouvelle affirmation de la République?

Si le verdict est tel, c'est que de ce côté se trouve la fin des misères sociales dues à l'absence, ou pour mieux dire à la confiscation du principe d'égalité, remplacé par le favoritisme, le privilège et quelquefois l'injustice, ces leviers des gouvernements d'outre-tombe.

Il ne faut pas chercher ailleurs les causes de la victoire républicaine, que la France remportera demain.

La garantie ? elle est tout entière dans la patience du parti républicain, signe de sa force et de son droit ; dans son étude attentive des événements d'où est sortie son instruction politique ; dans la critique raisonnée de toutes choses, qui l'a rendu apte à conduire les affaires du pays bien mieux que ceux qui, depuis un demi-siècle, s'attachant à la routine de leur époque, oublient que les temps marchent sans s'occuper des retardataires.

Dans le canton de Bességes, peut-être plus qu'ailleurs, la résistance au développement des idées libérales a été le mot d'ordre des réactionnaires.

Cela se comprend, ce développement se faisant au détriment de l'autorité présque absolue de certains grands-électeurs, qui voyaient ainsi s'envoler une partie de leur influence et de leur prestige politique. Aussi la première majorité qu'obtint M. Cazot fut-elle un véritable coup de foudre !! La terreur des officiels était indescriptible. L'on parlait déjà de sauver une seconde fois la société menacée par ces fauteurs de désordre, qui n'avaient d'autre but que le partage. Pouvait-on supporter plus longtemps qu'un *avocat inconnu* vînt ainsi troubler gratuitement dans leurs travaux d'honnêtes ouvriers, et semer partout la discorde ? Il fallait en finir. C'est ainsi cependant que l'on entendait alors les luttes électorales, et que l'on combattait ceux qui les affrontaient ! Voter pour le candidat de Sa Majesté, ou être considéré comme un ennemi de la société, dénoncé comme tel à la vindicte des honnêtes gens, telle était la dose de liberté dont on gratifiait le corps électoral !

Pendant que les agents de l'autorité distribuaient impunément, au mépris de la loi qu'ils violaient, des manifestes électoraux dans les lieux publics, au domicile privé des citoyens, arrachant brutalement des mains des électeurs les professions de foi des candidats de l'opposition, la hideuse calomnie atteignait impitoyablement jusque dans leurs rapports de famille, dans leurs travaux, ceux qui persistaient à rester les adversaires d'un régime qui, après avoir asservi pendant vingt années la France, l'a conduite à la plus terrible et à la plus honteuse des invasions.

Epouvanter pour régner, telle était la devise ! Il n'y avait pas de fantômes sociaux connus que l'on ne présentât au pays selon les besoins du moment.... Fallait-il démontrer l'existence de la démagogie autrement que par des paroles ? prouver que la guerre civile était suspendue sur la tête des citoyens tranquilles et les menaçait sans cesse ? Immédiatement l'armée des blouses blanches, ou leurs acolytes, car il s'en trouvait partout, organisait une échauffourée, que l'on mettait sur le compte des républicains. En temps ordinaire, on donnait à la répression le plus de retentissement possible, mais pendant une période électorale, l'exagération dépassait les bornes du bon sens. Et les naïfs de se dire : Nous l'avons échappée belle !

Monsieur Cazot mit promptement fin à toute cette comédie, et en rétablissant la vérité politique, il ouvrit une ère nouvelle au canton.

L'élan était donné, irrésistible désormais, car il s'appuyait sur des convictions que la parole du libérateur politique de Bességes avait laissées dans l'esprit et dans le cœur de tous.

Il ne restait plus aux grands-électeurs de nos communes, ne pouvant rentrer tout de suite dans les rangs de l'opposition, qu'à attendre les événements pour se prononcer, ou continuer la résistance. Ils choisirent la résistance ; résistance de clinquant, dont l'action dépendait uniquement du régime impérial, et devait finir comme lui.

Ce fut là une immense faute. Par peur de l'hydre de l'anarchie, du péril social, ils devinrent sans s'en douter des agents électoraux d'une docilité exemplaire, et d'un servilisme écœurant.

Pouvaient-ils dire au moins que les intérêts matériels du canton étaient inséparables du régime impérial ? Non ! puisque le traité consenti avec l'Angleterre venait de compromettre notre industrie, et la placer à deux doigts de sa perte ! Quel était donc le sujet qui avait troublé à ce point ces intelligences ? Le mensonge officiel érigé en doctrine gouvernementale !....

Pendant que l'empire perdait chaque jour du terrain, le parti républicain, rempli de confiance, se groupait en rangs serrés, et s'organisait sérieusement en vue de prochaines luttes, bien décidé à ne rien céder de ses droits jusque-là méconnus.

Le plébiscite, ce leurre politique, ce traquenard tendu par les despotes sous les pas des démocraties inconscientes et inexpérimentées, surprit les électeurs du canton peu faits à ce genre de consultation.

Il y avait quelques mois à peine, on reconnaissait à un citoyen tout au plus l'aptitude de faire le choix d'un député, et tout à coup on lui trouvait des qualités législatives, car les électeurs au plébiscite étaicnt bel et bien transformés en constituants. Ainsi les choses se passent sous des régimes comme celui de l'empire! Quand les représentants, c'est-à-dire l'élite de la nation, gênent, on les déclare incapables, et l'on proclame seuls capables les ignorants de la veille.

Voyons comment Proudhon, le savant publiciste, envisage le plébiscite :

« Il faut, pour rendre la législation directe praticable, que le souverain n'ait à statuer jamais que sur une alternative, laquelle devra embrasser par conséquent, dans l'un de ses termes, toute la vérité, rien que la vérité ; dans l'autre, toute l'erreur, rien que l'erreur. Si l'un ou l'autre des deux termes contenait plus ou moins que la vérité, plus ou moins que l'erreur, le souverain, trompé par la question de ses ministres, répondrait infailliblement par une sottise.

» Or il est impossible, sur des questions universelles, embrassant les intérêts de tout un peuple, d'arriver jamais à un dilemme rigoureux ! Ce qui signifie que, de quelque manière que la question soit posée au peuple, il est à peu près inévitable qu'il se trompe.

» Donnons un exemple.

» Supposons que la question posée soit celle-ci : *Y aura-t-il un chemin de fer de Chalon à Avignon ?*

» Le peuple ne dira pas non, certes, puisque son plus grand désir est de mettre la France au niveau de la Belgique et de l'Angleterre, en rapprochant les distances, et favorisant de tout son pouvoir la circulation des hommes et des produits. Il répondra donc *oui*. Or ce *oui* peut contenir une méprise grave ; dans tous les cas, elle est une atteinte au droit des localités.

» Il existe de Chalon à Avignon une ligne navigable, qui offre le transport bien au-dessous de tous les tarifs de chemins de fer : elle peut encore abaisser ses prix. Au lieu de construire une voie ferrée qui coûtera deux cents millions, et qui ruinera le commerce de quatre départements, pourquoi ne pas utiliser cette ligne qui ne coûterait presque rien ? Mais ce n'est pas ainsi qu'on l'entend au palais législatif, où il n'y a pas un commissionnaire ; et comme le peuple français, à l'exception des riverains du Rhône et de la Saône, ne sait pas plus que ses ministres ce qui se passe sur les deux fleuves, il parlera, c'est facile à prévoir, non suivant sa pensée, mais selon le désir de ses commis. Quatre-vingt-deux départements prononceront la ruine de quatre autres : ainsi le veut la législation directe.

» *Qui bâtira le chemin de fer ? l'Etat ou une compagnie d'assurances ?*

» En mil huit cent quarante-neuf, les compagnies étaient en faveur. Le peuple leur portait ses économies. On ne savait pas alors ce que c'est que des compagnies ! Le peuple, toujours aussi bien renseigné, donnera à l'Etat, c'est indubitable, la préférence. Or, quelque parti qu'il prenne, le législateur souverain ne sera encore ici que le mannequin d'ambitieux d'une autre espèce. Avec les compagnies, le bon marché est compromis, le commerce mis à rançon ; avec l'Etat, le travail n'est plus libre. C'est le système Mehemet-Ali appliqué aux transports. Quelle différence y a-t-il, pour le pays, à ce que les chemins de fer engraissent des traitants, ou fournissent des sinécures aux amis de nos gouvernants ? Ce qu'il faudrait, ce serait de faire des chemins de fer une propriété nouvelle ; ce serait de perfectionner, en l'appliquant aux chemins de fer, la loi de mil huit cent dix relative aux mines, et de concéder les exploitations, sous des conditions déterminées, à des compagnies responsables, non de capitalistes seulement, mais surtout d'ouvriers. Mais la législation directe n'ira jamais jusqu'à émanciper un homme ; sa formule est générale : elle asservit tout le monde.

» *L'Etat opérera-t-il le transport gratuit, ou tirera-t-il un revenu du chemin de fer ?*

» Si le peuple demande le transport gratuit, il se fait volontairement illusion, puisque tout service doit être payé ; si le peuple décide que l'Etat *tirera un revenu,* il manque à son propre intérêt, puisque les services publics doivent être sans bénéfices.

» La question est donc mal posée. Il faudrait

dire : *le prix du transport sera-t-il ou non égal au prix de revient?* Mais comme le prix de revient varie sans cesse, et qu'il faut, pour en faire l'application d'une manière suivie, une science et une législation particulières, il s'ensuit en définitive que sur ce point, comme sur tous les autres, la réponse du peuple sera, non pas une loi, mais une surprise.

» Est-il clair que cette législation directe n'est autre chose qu'un perpétuel escamotage ? Sur cent questions posées au peuple par le gouvernement, il y en a quatre-vingt-dix-neuf dans le cas des précédentes ; et la raison, c'est que les questions posées au peuple seront ordinairement des questions spéciales, et que le suffrage universel ne peut donner que des réponses générales.

» *L'électeur législateur*, forcé d'obéir au dilemme, ne pourra modifier sa formule, l'amender suivant la vérité du lieu, du moment, de la circonstance ; sa réponse, calculée sur la fantaisie populaire, sera connue d'avance, et, quelle que soit cette réponse, elle sera toujours fausse. »

Voilà le principe lui-même de l'appel au peuple suffisamment jugé.

Quelle était maintenant la question posée, en mil huit cent soixante-dix, aux électeurs ?

La ratification de la nouvelle Constitution dite *libérale,* et dont voici un extrait :

« L'Empereur est responsable devant le peuple français, auquel il a toujours le droit de faire appel. *L'Empereur commande les forces de terre et de mer ; il déclare la guerre,* fait des traités de paix, d'alliance et de commerce, nomme à tous les emplois, fait les règlements et décrets. L'empereur convoque, proroge le Sénat et prononce la clôture des sessions. »

Etrange liberté que celle qui enchaîne tout un peuple à la volonté d'un homme ! La constitution de mil huit cent cinquante-deux n'était pas pire !! La formule qui résumait cet appel au peuple était ainsi conçue :

« Le peuple approuve les réformes libérales opérées par l'empereur dans la constitution, et ratifie le sénatus-consulte de mil huit cent soixante-dix. »

Eh bien ! dans le canton de Bességes, sur dix électeurs, neuf au moins ignoraient la *lettre* de la question posée, et ne voyaient que certaine circulaire où il était dit en substance : Voter *oui*, c'est voter pour la paix à l'intérieur et au dehors ;

pour la prospérité du commerce, de l'industrie et de l'agriculture ; voter *non,* c'est voter pour la guerre à l'intérieur et avec l'étranger, pour l'avènement prochain du régime révolutionnaire, pour l'arrêt immédiat des affaires, etc., etc.

L'Empire avait tellement fatigué tout le monde avec ses guerres, que, promettant la paix, beaucoup, trompés par cette apparence, devaient voter *oui.* Quant à la guerre civile, qui la désirait ? Personne n'y songeait ; malheureusement il y a toujours eu des peureux et des naïfs, et il s'en trouva assez pour croire à l'imminence de ce danger. Quel est celui en France qui ne demandait ardemment la reprise des affaires et la prospérité générale ? Toutes ces promesses officielles avaient de retentissants échos dans la presse servile, chez les agents du pouvoir, tandis qu'il était bien difficile au parti républicain de crier assez haut : *casse-cou !* pour être entendu, et surtout compris de tous. La presse libérale était bâillonnée, la parole des orateurs de l'opposition frappée d'interdit, la plupart du temps par un commissaire de police. Il y avait évidemment inégalité dans ce tournoi, où la discussion franche et loyale devait être la seule arme employée, si l'on voulait connaître la vérité ; mais c'est précisément ce que l'on ne voulait pas à l'Elysée de Paris, ni à celui de Bességes.

Les grands politiques de nos communes, exploitant cette peur du peuple, abusèrent de sa crédulité, en mentant de plus belle, et en dénaturant un peu plus, s'il était possible, la question ; ils parlèrent de déportations pour assurer la *liberté* du vote, et obtinrent par ces moyens des suffrages qu'ils proclamaient avec menaces, pour ne pas en perdre l'habitude.

Quelle était l'attitude du parti républicain en présence de ce gâchis électoral, et des provocations incessantes dont il était l'objet de la part des impérialistes ? Se servait-il des armes de ses adversaires, et comme eux dénaturait-il le caractère de l'élection du huit Mai ? M. Cazot, autour duquel il se groupait, exprimait toute sa pensée, quand, dans d'éloquentes et patriotiques paroles, il jetait à terre le masque hypocrite de libéralisme dont se parait l'empire dans la nouvelle Constitution, et dénonçait aux électeurs le plébiscite comme une fourberie. — On vous promet la paix, disait-il ; eh bien ! attendez-vous à avoir la guerre dans moins de trois mois !!!

Qui avait raison ? Le parti républicain écoutant les conseils de M. Cazot, ou les officiels?

L'éminent orateur républicain venait de traduire exactement les vues et les intentions de l'empereur. La preuve, c'est que le lendemain même du vote, des rumeurs de complications extérieures, prélude des événements qui ne devaient pas tarder à s'accomplir, commençaient à circuler.

« En définitive, dit M. Théodore Tabourieu, les un million cinq cent mille *non* valaient bien les sept millions trois cent mille *oui*. C'était l'indépendance s'affirmant devant le servilisme, c'était la liberté répondant à César. Les *Payens* avaient raison, au nom de l'ignorance, de la peur et de l'intérêt; mais les penseurs, les patriotes avaient une minorité effrayante, une minorité d'un million cinq cent mille voix. Les plébiscitaires, quelque peu intelligents, étaient bien punis eux-mêmes de leur vote approbatif commandé par la nécessité. Et après tout, Paris, la capitale de la France, n'avait donné à l'empire que cent trente-huit mille quatre cent cinq *oui*, contre cent quatre-vingt-quatre mille trois cent quarante-cinq *non! Cent quatre-vingt-quatre mille ennemis de l'empire!* C'était un échec! c'était la dignité de l'intelligence qui répondait à la servilité de l'égoïsme.

» A la caserne du Prince-Eugène, jusque dans

le vote des Cent-Gardes il s'était glissé des *non!* L'obéissance *passive* devenait frondeuse, c'était là un grave symptôme pour l'empire, c'était un grand danger.

» Dès que la France eut donné à l'empereur tous les droits du peuple, dès que ce souverain eut la faculté de faire la paix ou la guerre, avec la liberté d'accorder au Sénat le droit d'initiative, de discuter et de voter les lois, la France pouvait se demander à quoi servait le Corps législatif, sinon à dire merci à un autocratisme qui, sous des dehors hypocrites de liberté, était plus arbitraire que l'autocratisme des Tamerlan, des Borgia ou des Louis XI.

» Désormais le droit humain des Napoléon était plus exclusif que le droit divin des Bourbons. »

Voilà les résultats immédiats du vote du huit mai. Quelles furent ses conséquences ? Comme l'avait prédit Monsieur Cazot, la guerre ! Quoi qu'en ait dit l'Empereur, personne ne désirait la guerre, et les conservateurs n'eussent pas voté *oui,* si, en votant ainsi, ils avaient supposé qu'on les trompait.

Mais ils venaient de donner au pouvoir un blanc-seing, dont celui-ci devait user légalement, sans le consentement de la nation.

Le but du plébiscite était atteint; fermer la bouche aux républicains qui réclamaient sans cesse des comptes, chose quelque peu gênante alors, en leur opposant le vote de confiance du pays, *et orner la couronne de César de quelques lauriers de plus, que l'on se proposait de cueillir sur les bords du Rhin.*

Il n'y avait pas de milieu, après le plébiscite il fallait ou refaire un Deux-Décembre, ou, pour relever le prestige bien amoindri de l'empire, se couvrir de gloire sur des champs de bataille. On opta pour le second plan, réservant le premier pour plus tard.

On rencontre encore des électeurs assez naïfs pour croire que si l'empereur n'a pas été victorieux, c'est parce que la gauche de la Chambre lui avait refusé les crédits nécessaires au budget de la guerre. Ce moyen de propagande est stupide. La gauche ne pouvait refuser ces crédits pour une excellente raison, c'est qu'elle était en minorité.

Le *Daily-News*, dans les lignes suivantes, en donne une preuve convaincante.

« Pendant ces dernières années, écrit le journal anglais, la liste civile de Bonaparte n'avait pas suffi aux dépenses extravagantes de sa cour, à ses largesses envers ses créatures, et aux frais du service secret qu'il était obligé d'entretenir, afin de conserver l'amour de ses sujets pour l'impérialisme. Environ cinquante millions de francs étaient donc annuellement enlevés au ministère de la guerre, pour être remis à l'Empereur.

» Ce détournement était dissimulé par des achats d'approvisionnements, qui figuraient dans les comptes sans avoir jamais été opérés, et par l'absorption des fonds qui étaient versés dans la caisse militaire, par les jeunes gens tombés dans la conscription, et qui devaient servir à leur procurer des remplaçants.

» Les régiments, qui nominalement figuraient pour deux mille hommes, n'en contenaient que mille cinq cents. Le prix des remplaçants, et les frais supposés de leur entretien, étaient détournés pour la liste civile.

» Lorsque l'Empereur fut obligé de céder au cri qui réclamait le gouvernement parlementaire, il savait que la législature à venir compterait des constitutionnels en si grand nombre, que, même en présence d'une majorité impérialiste, les scandales de fraude viendraient au jour. Donc, il ne lui restait qu'une chose à tenter, la guerre.

» Une campagne heureuse pouvait mettre de

côté le gouvernement parlementaire, ou, si cela n'était pas possible, le déficit en hommes et en matériel pourrait être mis sur le compte de la guerre.

» Le maréchal Lebœuf espérait que, même avec des forces bornées, une seule victoire gagnée amènerait une paix glorieuse.

» Il était, avec les adhérents personnels de l'Empereur, dans le secret; mais ils étaient tous également compromis, et ils sentaient bien qu'ils devaient couler à fond ou nager avec le maître; car, pour eux comme pour lui, la seule chance d'impunité était dans cette seule victoire.»

Après de tels renseignements, auxquels nous ajoutons, comme complément nécessaire, l'extrait suivant d'une étude sur notre situation militaire, par un général de division, il n'y avait rien de surprenant à ce que la gauche de la Chambre ne voulût pas s'associer à cette guerre.

« La conséquence la plus grave de cette expédition impolitique du Mexique fut de laisser la France presque désarmée, devant la Prusse habile et rusée, se rendant compte de nos fautes, de notre impuissance, et se préparant d'abord à nous jouer, puis à nous écraser.

» Cette guerre, on le sait, eut pour résultat

une retraite précipitée, la perte de tous nos chevaux, de toutes nos voitures d'approvisionnements de guerre, d'habillements, de vivres laissés sur la terre du Nouveau-Monde.

» Elle coûta à la France :

» Environ un milliard trois cents millions ; elle nous amena, en outre, une diminution telle de nos effectifs, qu'en mil huit cent soixante-six nous ne pouvions pas réunir une armée un peu considérable prête à entrer en campagne; enfin elle causa l'épuisement des approvisionnements dans nos magasins, *et la ruine d'un matériel trop prodigué.* »

Puisque notre matériel de guerre était insuffisant en mil huit cent soixante-six, il fallait le compléter; c'eût été préférable que de dire à la tribune de la Chambre des députés, avec cet accent repu qui convenait parfaitement au maréchal Lebœuf : « Nous sommes prêts, plus que prêts ! »

La suite des événements devait malheureusement démontrer toute la fausseté fanfaronne de cette déclaration, et donner pleinement raison à ceux qui longtemps avant avaient montré l'abîme vers lequel l'Empire conduisait la France.

II

LE QUATRE SEPTEMBRE

A la nouvelle de nos premières défaites, qui ne se souvint des patriotiques avertissements des Thiers, des Grévy, des Gambetta, des Pelletan, des Jules Favre, à la Chambre des députés, et de ceux de M. Cazot dans notre canton !!! L'opinion évoluait, mais trop tard. Un million d'hommes, armés jusqu'aux dents, parfaitement disciplinés, s'avançait, le souvenir d'Iéna au cœur, par vingt routes sur Paris. Qu'opposait-on à cet *immense flot humain?* Quelques poignées de héros, dont la mort retardait à peine de quelques heures l'invasion.

Une armée cependant, rapidement formée au camp de Châlons, pouvait, avec les éléments dont elle se composait, ramener la victoire dans nos rangs ; mais, au moment de mettre en marche ces dernières forces militaires régulières, on oublia la France envahie, et devant un ennemi impitoyable, on ne pensa qu'à consolider la dynastie napoléonienne ébranlée par nos désastres; et, tandis que le maréchal Mac-Mahon voulait se retirer sous Paris, l'Empereur, l'Impératrice et Palikao commandaient la marche sur Sedan. Tout le monde en France avait les yeux fixés sur cette armée, c'était d'elle en effet que pouvait dépendre le salut. L'anxiété était générale. On attendait des nouvelles, et personne n'en recevait. Enfin le ministre de la guerre, cédant aux demandes des députés, répondit : « *Si Paris savait ce que je sais, il illuminerait ce soir.* » Quelques heures après, le désastre de Sedan, connu de la France entière, dessillait tous les yeux.

Le temps des mensonges venait de finir, pour faire place à l'épouvantable vérité !!...

Après une telle catastrophe nationale, y avait-il quelqu'un dans le canton osant se dire bonapartiste? Tous ces guerroyeurs à outrance, ces pourfendeurs, ces lions de carton, étaient redevenus ce qu'ils n'avaient jamais cessé d'être, moins le masque, des braillards insolents, et de vulgaires parvenus. Toute la bande des Elyséens, les fêtes ayant cessé ainsi que les subsides, abandonna l'Empereur à ses déboires, et la France à ses ruines....

L'Empire ne fut pas renversé : il s'écroula sous le poids de ses fautes et de l'indignation générale.

On entend dire que la proclamation de la République, faite en présence de l'ennemi, fut une illégalité et une faute politique. Ceux qui parlent ainsi aujourd'hui n'étaient-ils pas les premiers à protester alors de leur foi républicaine, et ne déclaraient-ils pas hautement en public, les larmes aux yeux, que la République pouvait seule sauver la France de nouveaux désastres? Ils ont la mémoire bien courte !

La République, en effet, aurait pu faire repasser le Rhin à l'ennemi, mais à une condition, c'est que le régime qui venait de se vautrer dans la boue de Sedan n'eût pas répandu en parfumerie, dans les boudoirs des grandes et petites cocottes, l'or destiné à l'armement ; à la condition qu'il n'eût pas jeté en pâture aux blouses blanches l'argent des équipements, des fournitures militaires, des approvisionnements de toute espèce, et qu'il eût songé à refaire notre matériel roulant et celui de nos forteresses.

Le gouvernement de la Défense nationale eut au moins le mérite — l'histoire lui rendra, je l'espère, cette justice — de n'avoir pas désespéré du patriotisme de la France, et d'avoir, sans ressources, mis sur pied, dans quelques semaines, une armée considérable, non pas de soldats aguerris, ils étaient tous ou morts ou prisonniers, mais de simples citoyens, sans connaissance des choses de la guerre, ignorant les souffrances qu'éprouve toujours le soldat en campagne, et d'avoir obtenu de ces forces, par un hiver des plus rigoureux, de résister à un million d'hommes parfaitement disciplinés et victorieux, sans capitulation ni reddition.

Pendant ce temps, Bességes, ce pays de révolutionnaires, comme on l'appelait sous l'empire, ce rendez-vous de partageux, de sanguinaires, de conspirateurs par excellence, en l'absence de toute gendarmerie restait tranquille. On n'y brûlait pas la plus petite maison, personne n'était égorgé, et l'on ne songeait pas même à partager. Ces prétendus communards n'étaient que des agneaux.

Ainsi tombaient les odieuses et stupides calomnies des auteurs de nos désastres.

Le lecteur trouvera peut-être extraordinaire que l'auteur de ces lignes ait négligé de parler à cette place du rôle que l'autorité locale joua le quatre septembre, et de la conduite que tinrent les chefs du parti républicain. Pour le faire, il était nécessaire de franchir le domaine des personnalités, ce qui m'apparaissait comme une maladresse politique, dont les résultats seraient au moins négatifs, s'ils n'étaient nuisibles aux intérêts démocratiques du canton.

D'ailleurs cette politique qui s'appuie sur les personnalités, pour faire découler tout d'elles, est si peu conforme au régime républicain, que je me garderai en aucune occasion d'en être le défenseur. Sortir des principes pour disserter sur des personnes, c'est s'exposer à retomber à courte échéance dans le pouvoir personnel, et à en subir toutes les conséquences.

Chaque individualité est une portion de la société humaine, mais seulement une portion ; vouloir qu'elle soit davantage, c'est porter atteinte au droit de tous et de chacun en particulier, c'est une injustice et le signal forcé des revendications ultérieures de la société entière. C'est à la collectivité seule, autrement dit au corps électoral, ce suprême juge, de se prononcer sur les responsabilités individuelles.

Les choses dans le canton restèrent d'ailleurs en l'état primitif, sauf cette singularité, que tout le monde était républicain, et que chacun jurait de ne jamais être le contraire.

L'administration locale se maintint à peu près intacte, malgré quelques légères modifications, qui ne pouvaient guère en changer ni l'essence, ni le caractère politique.....

La révolution, comme le disaient certains de nos grands-électeurs, étant maîtresse de la garde nationale, il fallait s'attendre à toutes les extravagances comme à toutes les tyrannies les plus féroces.

L'on rencontre des gens assez infatués d'eux-mêmes pour se placer, par leur propre décision, au dessus de tout le monde, résumant dans leur individu, l'honnête, le vrai, le juste et le beau, laissant au restant de l'humanité l'erreur et tous les vices, toutes les passions qui en dérivent.

Cette présomption n'est pas assurément le propre d'une nature bien douée ni très-intelligente, ce qui n'empêche pas qu'elle est cause de beaucoup de méprises, et quelquefois de grands malheurs.

Si ceux qui sont perchés au sommet de l'échelle sociale avaient seulement la curiosité de visiter les degrés inférieurs, ils professeraient moins de mépris pour cette catégorie de leurs semblables, et rencontreraient sous les haillons eux-mêmes de grands et nobles cœurs, qui ont horreur des défauts qu'on leur attribue injustement, et qui laissent à d'autres les extravagances et la tyrannie.

Et d'ailleurs le parti républicain, seul visé dans ces accusations, avait-il donné le prétexte de semblables allégations injurieuses au plus haut point ? En majorité dans la garde nationale, quelle y fut sa conduite ? Retourna-t-il ses armes contre la société, ou sauvegarda-t-il la sécurité de tous les citoyens indistinctement ? Et s'il y eut insubordination dans ses rangs, si un mouvement antipatriotique se produisit au moment du départ des mobilisés, faut il en rendre responsable le parti républicain, ou ses détracteurs ? Qu'on ose donc dire que les républicains prêchaient l'indiscipline, et en donnaient l'exemple !

Qu'on nous cite les vols commis pendant que la garde nationale avait la mission de veiller sur nos intérêts ! L'ordre et la tranquillité ont-ils été troublés ? Quelqu'un a-t-il été menacé, et était-il plus dangereux qu'aujourd'hui de parcourir les rues de nos communes, même aux heures les plus avancées de la nuit ?

Voilà ce que faisaient ces partageux, ces incendiaires ; ils maintenaient l'ordre, et ne permettaient à personne de porter atteinte à la liberté des citoyens.

Par la conduite du parti républicain, il restait désormais acquis que le prétendu abus que le peuple devait faire de sa liberté, si on la lui accordait sans frein, était encore un mauvais prétexte d'oppression et de tyrannie. . . . . .

. . . .

III

LES ÉLECTIONS

A partir du huit février mil huit cent soixante-onze, commence une série de consultations électorales que nous diviserons, pour mieux les étudier, en trois catégories : la première comprendra les *élections législatives*, la deuxième, les *élections cantonales*, la troisième, les *élections communales*.

Envisagées d'une manière générale, ces diverses élections n'ont jamais eu qu'une portée politique, déguisée le plus souvent, mais réelle toujours, quels que soient l'époque, le moment où elles se sont faites. Le parti républicain ne pouvait les considérer autrement.

Pourquoi ?

Depuis mil sept cent quatre-vingt-neuf, tout, en France, est tributaire ouvertement de la politique, à commencer par la nomination d'un garde-champêtre dans la plus modeste commune, jusques aux fonctions les plus élevées de l'Etat.

Il faudrait, pour qu'il en fût autrement, que la lutte entre le passé et les temps modernes cessât ; mais elle continue, et elle durera tant que les préjugés, le fanatisme et l'ignorance, ces trois plaies sociales, n'auront pas disparu, laissant la place à la raison scientifique largement répandue, tant que l'un de ces deux principes n'aura pas absorbé l'autre.

Or tous les deux recherchent la prépondérance.

En se donnant carrière, ils ont naturellement examiné les sentiers les plus rapprochés, ceux de la commune, pour s'en emparer ; puis, une fois cette conquête faite, ils ont jeté leurs yeux sur les routes plus larges du département ; enfin si jusque-là ils n'ont rencontré de sérieuses entraves, ils se sont lancés au pouvoir par les grandes voies nationales.

Tenir la commune et le département en sa possession, c'est gouverner réellement, l'État n'étant que leur réunion. Et si les adversaires du régime républicain niaient qu'ils aient jamais eu la pensée d'introduire la politique partout, nous laissant seuls responsables du caractère qu'ont aujourd'hui les élections, je leur demanderais pourquoi ils ont toujours exclu de leurs listes les républicains sans exception, quelques mérites qu'ils aient eus, malgré les services qu'ils pouvaient rendre au pays, en dehors des choses de la politique.

Enfin par la lettre de la constitution de mil-huit cent soixante-quinze elle-même, à moins d'être volontairement dupe ou de mauvaise foi, il n'est plus possible de dire qu'une élection n'est pas politique.

PREMIÈRE CATÉGORIE

ÉLECTIONS LÉGISLATIVES

Le canon ne grondait plus ; les belligérants attendaient, l'arme au pied, le résultat des élections générales.

Au milieu de ce désarroi sans précédent, les électeurs avaient peine à distinguer dans tout ce fouillis d'événements, de catastrophes, de trahisons, la vérité sur la situation ; il fallait bien peu pour égarer l'opinion et l'éloigner de la vraie question.

Après un tel ébranlement, le temps du recueillement manqua ; chacun ne vit que ce qui le frappait le plus, *la paix ou la guerre,* et ne songea nullement aux droits et prérogatives de la nouvelle assemblée.

Il y avait en ce moment, on se le rappelle, deux partis bien distincts, celui de la continuation de la guerre, et celui de la paix.

Nos grands-électeurs saisirent au bond cette disposition des esprits, et la tournèrent adroitement à leur profit.

Presque tous d'entre eux, d'ailleurs, avaient oublié depuis longtemps leurs déclarations républicaines de la veille, et ne songeaient qu'à préparer à la sourdine, il était encore trop tôt pour les manifester ouvertement, les premières voies de leurs préférences dynastiques.

Cette question de paix et de guerre domina à tel point la lutte électorale, qu'elle finit par absorber toutes les autres questions. C'était précisément là ce que nos adversaires voulaient.

Les lumières politiques qui sous l'empire avaient patronné les candidatures officielles et le plébiscite, conduisirent, à la faveur d'une équivoque, les électeurs aux urnes, comme s'ils n'avaient pas cent fois démérité du corps électoral.

« En votant pour notre liste, disaient-ils, c'est la paix que vous votez ; c'est la fin des ruines de l'invasion ; c'est le retour aux affaires et à la prospérité. »

Comme on le voit, le programme des réactionnaires ne varie jamais; c'est même par là qu'il est reconnaissable.

De leur côté, la richesse nationale, de l'autre la misère. Rien que ça de modestie ! Sans remonter à l'époque fameuse de la poule au pot, ne tenait-on pas le même langage le huit mai mil huit cent soixante-dix, et nos désastres n'ont-ils malheureusement pas attesté la fausseté de ces promesses ?

Ce devrait être une règle pour l'électeur, que de repousser impitoyablement toutes ces professions de foi mensongères et irréalisables, dont le fond est tout simplement une moquerie et une duperie révoltantes, se traduisant le plus souvent par des ruines ou des hontes nationales, que ne supportent pas toujours ceux qui les ont déchaînées.

Ainsi, sous le fallacieux manteau de la paix, la liste réactionnaire obtint la majorité des suffrages.

Les nouveaux élus montrèrent bientôt comment ils comprenaient leur mandat; dès qu'ils eurent traité de la paix avec l'étranger, ils déclarèrent la guerre à la République ; guerre à outrance celle-là, qui depuis sept années n'a pas eu son armistice....

Les élections complémentaires du 2 juillet furent une revanche du parti républicain, dont la bonne foi avait été surprise au huit février, et comme un nouveau réveil de la liberté menacée.

La nomination de Messieurs Jules Cazot et Laget signifiait : rétablissement de la vérité politique et fin de l'équivoque électorale ; elle était le paiement d'une dette depuis longtemps contractée par les électeurs qui, quoi qu'on en puisse dire, devaient aux nouveaux députés leur instruction politique, et en grande partie l'organisation des forces démocratiques du département.

Le canton de Bességes, qui était né à la vie politique, qui avait fait ses premiers pas et grandi sous l'œil vigilant de Monsieur Cazot, devait accueillir cette heureuse nouvelle avec une joie et un enthousiasme bien naturels.

Jusques au deux juillet mil huit cent soixante-onze, il n'y avait eu à proprement parler aucune organisation électorale du canton. Les dévouements isolés, aidés de la puissante parole de Monsieur Cazot, étaient les seuls leviers à la disposition de la cause démocratique. Il y avait à cela une raison.

Les élections du huit février et du deux juillet s'étant faites au scrutin de liste, pas n'était besoin aux comités locaux de s'occuper des détails nombreux que comportent forcément toutes les élections, détails qui incombaient au comité départemental; il suffisait au canton de propager et de recommander énergiquement les candidatures adoptées.

Il n'en fut pas de même le vingt février mil huit cent soixante-seize.

L'assemblée de la *Paix* avait en se dissolvant supprimé le scrutin de liste, et lui avait substitué une division de la France en circonscriptions électorales telle que, battue par le département, la réaction trouvait quand même des vasselages électoraux à sa dévotion, et pouvait résister longtemps encore aux empiétements de ce que les intéressés appelaient toujours la démagogie, le spectre rouge, l'hydre de l'anarchie, le péril social, l'ordre moral, sans exclure les nouvelles dénominations vides de sens comme les précédentes, que l'on nous réserve pour l'avenir.

La deuxième circonscription d'Alais, composée des cinq cantons de Barjac, St-Ambroix, Bességes, La Grand'Combe et Génolhac, est, comme on le sait, une de ces forteresses construites de main de maître, dont les remparts tout neufs peuvent défier de longues années les attaques électorales des républicains. Qu'on ne la suppose cependant pas imprenable ! !

Avec une organisation sérieuse et de la discipline, on s'empare facilement de ces citadelles redoutables en apparence seulement, et dont les défenseurs fatigués passent gaîment à l'ennemi à la première occasion propice.

Les premières bases d'organisation électorale jetées en mil huit cent soixante-seize, avant la réunion à St-Ambroix du comité central, sont restées, et c'est de bonne augure, un précédent nécessaire aux élections qui devaient se faire par la suite.

Qu'elles se développent, se complètent méthodiquement, insensiblement, sans impatience ni précipitation, de façon à les faire passer avec le temps dans les habitudes du corps électoral, comme une nécessité, un besoin absolu, et peu à peu les difficultés disparaîtront pour ne plus renaître.

En tout cela la démocratie doit bien se garder d'écouter ceux qui, à la nouvelle d'une victoire républicaine, pour laquelle ils n'ont la plupart du temps rien fait, croient tout terminé, et disent bien haut qu'il n'y a plus qu'à se reposer : elle doit au contraire, si elle veut être forte et respectée, ne jamais oublier ce dicton d'une vérité incontestable : *Si vis pacem, para bellum.* Un parti qui n'est pas toujours prêt à tous les événements n'aura jamais une existence durable ; le premier vent de tempête politique qui soufflera l'emportera comme l'ouragan emporte le brin de paille.

Le comité central se réunit à Saint-Ambroix le 6 février, sous la présidence de M. le sénateur Cazot, et adopta par trente et une voix, contre vingt-sept données à M. Duclaux-Monteil, la candidature du commandant Favand.

La bataille qui allait s'engager, le parti républicain ne l'ignorait pas, était perdue d'avance, et n'avait d'autre but que de connaître exactement les forces numériques respectives des deux camps, et leurs positions préférées.

Malgré cela, et quoique livré à ses propres forces, le canton combattit résolûment, sans s'épouvanter des difficultés nouvelles, ni des sacrifices qu'il était tenu de faire pour sortir honorablement de la lutte ; il fut battu par trois cents voix de majorité, mais il avait fait un pas de plus dans son organisation propre, et sa confiance en l'avenir avait augmenté.

Il était clair qu'avec quelques efforts de plus,

on pouvait facilement gagner le canton de Bességes à la République. L'on ne devait pas longtemps attendre pour en faire l'expérience.

L'Assemblée élue le vingt février en grande majorité républicaine, incapable de se prêter à des projets qu'elle répudiait comme contraires à sa dignité, fut renvoyée devant les électeurs, sous des prétextes que tout le monde connaît, et que l'impartiale histoire jugera.

Les trois longs mois qui séparèrent la dissolution de la Chambre de la période électorale ne furent pas perdus pour la démocratie.

Dès les premiers jours les rangs se reformèrent, et bientôt chacun avait repris son poste de combat, attendant impatiemment le décret de convocation des colléges électoraux.

Pour la deuxième fois le comité central réuni à St-Ambroix, par les soins intelligents et dévoués du comité de cette ville, désigna à l'unanimité M. Alfred Silhol comme candidat républicain de la deuxième circonscription d'Alais.

M. Favand, s'inspirant de sentiments qui l'honorent au plus haut point, s'était empressé de décliner toute candidature pour se rallier à celle de M. Silhol.

On pouvait tout espérer avec un tel choix,

même dans une circonscription comme celle-ci.

Le nom du candidat, son influence personnelle, les intérêts considérables qu'il possède dans la circonscription, son immense fortune, n'étaient-ils pas des présages de succès ?

Malheureusement il y avait fort à faire, il s'agissait de déplacer deux mille trois cents voix ; et si l'on parvint à ajouter mille cent voix environ au chiffre qu'avait obtenu au vingt février mil huit cent soixante-seize M. Favand, en revanche le candidat officiel les gagna, de sorte que l'écart entre les deux camps resta le même. Des cinq cantons, celui de Bességes seul obtint une majorité républicaine, malgré certains actes d'intimidation et de violence, dont les électeurs garderont longtemps et soigneusement le souvenir.

Avec la connaissance que nous avons de la deuxième circonscription d'Alais, il est bien difficile d'admettre que plus de dix mille électeurs aient donné *librement* leurs suffrages à un candidat qui n'a même pas pris la peine de leur adresser la plus petite profession de foi.

N'est-il pas plus rationnel de croire que la moitié au moins des électeurs de M. de Valfons a voté le quatorze octobre, sous la direction ou même l'ordre de certaines influences, *auxquelles il est imprudent quelquefois de ne pas obéir en pareilles circonstances?* C'est là notre conviction.

DEUXIÈME CATÉGORIE

ÉLECTIONS CANTONALES

La République héritant des lois des régimes passés, c'est-à-dire de lois anti-libérales, ne pouvait du même coup les faire disparaître toutes, sans compromettre les nombreux intérêts qui reposent sur elles, sans jeter le désarroi dans le pays tout entier; mais ce qui était possible tout de suite, c'était de commencer une guerre acharnée au principe de centralisation, sur lequel les pouvoirs personnels se sont toujours appuyés; il fallait désormais, dans toutes les élections, choisir des candidats pénétrés de la nécessité de résister au maintien de ce principe, nuisible à un gouvernement de liberté, et ne voter que pour des partisans convaincus de la décentralisation la plus étendue, et sous toutes ses formes, politique, sociale, administrative, d'intérêts particuliers et généraux du département, de l'arrondissement, du canton et de la commune.

En visant le principe lui-même dans ses représentants ou défenseurs, en l'attaquant vigoureusement sans trève ni merci, il n'eût pas supporté de longs assauts.

Partout où il y a une administration, un conseil élu, quelque petit qu'il soit, ce principe n'est-il pas, en majorité trop souvent, mais toujours assez fortement représenté, pour laisser aux hommes du passé l'espoir d'un retour à leur régime ?

Chassés des grandes assemblées nationales par l'opinion, les ennemis de la République se sont naturellement réfugiés dans les assemblées moins importantes du département et de la commune, et ont essayé de s'y fortifier pour gagner du temps et préparer l'avénement désiré.

Voilà comment les premiers, les réactionnaires et non pas les républicains, qui n'ont fait que poursuivre l'ennemi dans ses nouveaux retranchements, ont introduit la politique dans ces corps élus.

Faut-il s'en alarmer ?

Evidemment non ! L'équivoque a disparu sur cette question, voilà toute la différence.

Et l'on sait aujourd'hui que le département, la commune ont besoin, pour vivre en liberté, de s'affranchir de la tutelle du pouvoir centralisateur quel qu'il soit, s'ils ne veulent pas, même sous une République, retomber dans le régime personnel.

Supposons en effet que le préfet au conseil général, cela ne s'est-il pas vu? le sous-préfet au conseil d'arrondissement, et le maire au conseil municipal, aient assez de pouvoir pour en imposer à ces assemblées ; que deviendront alors les droits des électeurs personnifiés dans leurs élus ?

Le délégué du pouvoir s'attache neuf fois sur dix beaucoup plus à la fortune politique du ministre qui l'a nommé, qu'à l'étude des intérêts de ses administrés, avec lesquels il est très-souvent en désaccord perpétuel.

Faut-il donc, après cela, ne pas mêler les questions politiques aux intérêts purement matériels du département ?

Ce serait, par ma foi, bien drôle ! !

On a pu autrefois, avec certaine apparence de raison, faire une distinction entre des élections politiques et des élections d'intérêt local, quoiqu'il n'y eût entre elles, au fond, aucune différence, quant au résultat général qu'elles produisaient, mais actuellement le peut-on sérieusement ?

A la position qu'occupent les partis, la question politique est essentielle ; elle prime et primera toutes les autres, jusqu'à ce que la victoire définitive, incontestée, ait souri à l'un des principes qui s'agitent dans l'arène électorale depuis sept années.

Au point de vue de l'expédition rapide des affaires, rien n'est plus défectueux que ce système centralisateur.

Qu'une commune soit tenue de passer, pour une affaire quelconque, par la voie hiérarchique de la sous-préfecture, de la préfecture, puis du ministère appelé à connaître de la question ! Oh ! alors elle a besoin de s'armer de patience. Des années quelquefois s'écoulent, avant que l'on songe à donner le droit à un pays de mettre à exécution des projets d'où dépendent souvent sa prospérité, sa richesse. C'est contre de telles pratiques incompatibles avec des institutions libérales, que la démocratie, repoussant les perfides conseils d'hommes intéressés, aurait dû dans notre canton réagir de toute son énergie ; elle eût fait preuve de clairvoyance et de sens politique, dignes de son passé et des destinées qui l'attendent.

La loi Tréveneuc, par l'importance du mandat qu'elle confie aux conseils généraux, donne à ces assemblées un caractère légalement politique.

A son tour, la constitution de mil huit cent soixante-quinze, comme nous l'avons dit plus haut, érige en électeurs sénatoriaux, au même titre que les députés et les sénateurs eux-mêmes, les membres des conseils départementaux. De sorte qu'en votant pour un conseiller général ou d'arrondissement, tout électeur contribue, indirectement il est vrai, mais il y contribue, d'abord à la composition politique du Sénat, ce qui n'est certes pas en ce moment une mince chose ; ensuite il entrave au moins, s'il n'empêche pas le plus souvent, les empiètements d'une administration, qui trouve encore de nos jours son origine dans la force de nos ennemis, et dont la principale mission est de résister aux volontés du suffrage universel ; enfin il rend impossible un coup d'État confisquant au bénéfice d'un seul tous les pouvoirs publics.

Ce ne sont pas là d'insignifiantes prérogatives, puisque de la somme de leur exercice découle la forme du gouvernement elle-même, et l'avenir du pays. Aussi sommes-nous surpris que des hommes assurément très-intelligents, qui par conséquent doivent comprendre ces choses, usent de leur influence pour déplacer la question électorale, la dénaturer au point de la rendre méconnaissable. Il y a là une anomalie étrange, et malgré les on-dit de certains favoris de nos grands-électeurs, on ne peut que douter du peu de républicanisme qui règne dans les sphères élevées du canton. La parole, nous répondra-t-on, n'est-elle pas un gage de la foi libérale d'un homme d'honneur? Assurément si ! mais à la condition que cette parole ne serve pas toutes les causes, qu'elle ne tourne pas à tous les vents de la girouette politique. Et l'expérience nous a trop souvent démontré combien cette parole était versatile, pour qu'aujourd'hui nous ayons confiance. Les actes seuls, s'ils comportent, bien entendu, l'idée démocratique, nous convaincront de la sincérité de ces hautes conversions, auxquelles nous tendons la main de grand cœur, à la condition qu'il n'y ait aucune arrière-pensée dynastique dans cette alliance, dont le point de départ doit être la bonne foi, et le but définitif la République.

Mais il ne faudrait pas dire aux électeurs comme en mil huit cent soixante-onze : *Ne votez pas pour MM. Cazot et Bouzige, tous deux représentent l'anarchie, et ne font de cette élection qu'un marchepied politique ;* votez au contraire pour MM. d'*Estampes et de Lavernède,* qui par leur position exceptionnelle dans le canton assureront à l'ouvrier le travail, au commerçant un négoce facile, à l'agriculteur et à l'industriel l'appui de leur influence.

Non, il ne faudrait pas revenir à ces précédents, que l'on peut appeler aujourd'hui par leur nom, en les dénonçant à tous comme entachés de mauvaise foi, ou d'ignorance politique.

Il n' y a, s'efforçait-on de propager, qu'une question purement locale dans une élection au conseil général et d'arrondissement; ceux qui y mêlent la politique, pensent, croyez-le bien, plutôt pour eux-mêmes, qu'à vos propres intérêts. Ils vous trompent. Voilà encore ce qu'il ne faudrait plus dire, par respect pour la vérité et pour le corps électoral, que l'on ne satisfait pas longtemps avec de tels procédés.

Ce qui manquait surtout de pudeur en tout cela, c'est que, parmi les adversaires les plus acharnés de la candidature de M. Cazot, se trouvaient précisément certains électeurs qui avaient sollicité la protection du secrétaire général du ministère de l'intérieur, et l'avaient assuré de leur entier dévouement à sa candidature dans les futures élections.

Si nous ne nous étions promis de ne faire aucune personnalité dans le cours de ce travail, telles petites histoires très-intéressantes, dont on ne se doute certainement pas les acteurs, auraient ici leur place ; mais nous ne voulons pas sortir du cadre que nous nous sommes imposé, et tiendrons sur ce point scrupuleusement notre promesse.

Malgré ces manœuvres, l'on commençait à comprendre déjà l'importance des élections cantonales, et leurs résultats politiques ; aussi la lutte s'engagea-t-elle d'autant plus énergiquement que l'on combattait davantage celui auquel Bességes devait son instruction politique.

Malheureusement la majorité n'était pas encore assez pénétrée du vrai caractère de cette élection, et fit défaut au parti républicain.

Le quatre octobre mil huit cent soixante-quatorze, les électeurs du canton, appelés à faire choix d'un conseiller général, se rappelant le fâcheux précédent de mil huit cent soixante-onze, ne songèrent qu'à le faire disparaître et à placer la question sur son vrai terrain.

D'ailleurs la loi Tréveneuc venait une fois de plus donner raison aux défenseurs des idées républicaines, et un démenti formel à ceux qui ne voyaient dans une élection cantonale qu'une consultation portant exclusivement sur des intérêts locaux et non politiques. Nul ne pouvait ignorer alors qu'il s'agissait surtout d'une élection politique. L'on se souvenait du vingt-quatre mai mil huit cent soixante-treize, et l'on n'attendait qu'une circonstance favorable, pour montrer comment avait été accueilli cet acte d'une coalition *ingrate et coupable*, qui devait déchaîner sur notre malheureux pays tant de nouveaux déboires et de cruelles souffrances.

En choisissant comme candidat M. *Ernest Bargelon*, ancien sous-préfet révoqué, le comité obéissait à la voix de l'opinion publique, qui réclamait la condamnation, par le souverain juge, des manœuvres antipatriotiques des hommes de l'ordre moral Ier.

Ce but fut-il atteint? Nous croyons pouvoir dire oui, si nous considérons surtout le nom du candidat opposé. Malgré l'influence de M. *E.*

Silhol, on ne peut plus considérable dans le canton, il n'y eut sur trois mille six cent treize votants, qu'une différence de onze voix entre les deux camps ; et si les républicains furent en si grand nombre, si l'on peut dire, encore aujourd'hui, que cette élection a été la plus belle de toutes à cette date, c'est à la discipline, à l'organisation du corps électoral qu'il faut attribuer ce résultat.

Nous nous abstiendrons de réfuter la fameuse lettre de *Pierre à Jeannot.*

Ce document malheureux suffirait à lui seul cependant à faire l'histoire de cette élection, et si notre plume s'arrête, tout le monde comprendra que depuis le quatorze octobre mil huit cent soixante-dix-sept, le parti républicain a des convenances à garder, même à l'égard de certains de ses adversaires de la veille.

La politique n'exclut pas le savoir-vivre.

Comparé aux résultats des élections cantonales précédentes, celui du 4 octobre est un progrès immense. Désormais ne pouvait-on pas dire que le canton était dans la vraie voie, et espérer en l'avenir ?

Trois années après, la même question électorale était présentée aux électeurs, mais cette fois pour le conseil d'arrondissement, et dans des circonstances particulières d'influences locales.

La période s'ouvrait sous d'excellents auspices ; le comité cantonal venait d'arrêter son choix sur M. Louis Bouzige, que sa conduite politique avant et depuis mil huit cent soixante-onze désignait, je devrais dire, imposait aux électeurs républicains. M. Bouzige n'avait pas encore de concurrent cinq jours avant le vote ; il semblait même qu'il ne dût pas en avoir, après l'échec infligé, le quatorze octobre, à la candidature officielle.

Chacun, naturellement, reportait ses souvenirs sur cette dernière date, et pouvait croire que le verdict serait le même.

Mais on comptait sans M. Meusnier, qui arriva dans l'arène électorale comme un champignon, pour brouiller inutilement les cartes. Car ce candidat ne représentait exclusivement que des intérêts matériels. Nous ne sachions pas, en effet, qu'il ait arboré un drapeau dans cette période électorale. Ses affiches, un peu comme les affiches officielles, moins la couleur et....., portaient son nom et ses qualités, sans un seul mot aux électeurs.

Eh bien ! c'est là précisément ce qu'il y eut d'impolitique dans cette élection, c'est que l'on vota pour M. Meusnier, et non pour les principes qu'il représentait. Il serait désastreux pour le parti républicain, si, écoutant les conseils de quelques grands-électeurs, il se déjugeait ainsi à quinze jours d'intervalle ; il abdiquerait honteusement. Non, il n'est pas permis, et encore moins pardonnable, de sacrifier les intérêts généraux d'un pays, pour complaire à des personnalités qui, après avoir, par leur influence, leurs manœuvres, compromis l'avenir d'une cause, ne la rétablissent pas par leur pouvoir ; non, il n'est pas admissible qu'une élection produise blanc ou rouge, selon le caprice de n'importe qui, sans porter une atteinte directe à la liberté individuelle, dont le suffrage universel est une consécration, et sans assumer sur ces influences la part de responsabilité qui leur appartient.

On oublie trop souvent ici, que diable ! la loi et les *convenances* dans les élections, pour que nous nous permettions de rappeler la première surtout, tout en regrettant que la seconde soit réfractaire à certaines natures autocratiques à l'excès.

Il faut en finir avec tous ces sauts de carpe,

et savoir dire ouvertement ce que l'on est, sinon nous mettrons, dans l'intérêt de la cause démocratique que nous servons avec passion, les hommes et les choses à leur place, et les présenterons au lecteur sous leur vrai jour. Si nous sommes capable de politesse, nous ne savons pas ne pas la reconnaître, et divulguerons impitoyablement toute escobarderie politique pouvant porter atteinte aux principes démocratiques eux-mêmes, ou à leur mise en pratique.

Le parti républicain, en votant pour un conseiller d'arrondissement, voulait gagner une voix à sa cause, et faire cesser le conflit dont nous souffrons depuis deux ans ; il n'avait d'autres vues que d'augmenter la minorité républicaine du Sénat, et la rendre majorité. Mais d'autres voyaient avec les yeux de leur ambition personnelle ou de leurs coteries ; ils ne songeaient qu'à préparer leur prépondérance locale, oubliant que de ce vote pouvait dépendre la prospérité de tout un pays.

Cette élection eut pour principe et résultat l'égoïsme ; et pour satisfaire cette inavouable passion, l'on mit en jeu des intérêts que l'homme intelligent répudie comme des moyens peu sérieux, et indignes de ceux qui les emploient.

Nous laissons à chacun sa part de responsabilité, mais nous demanderons compte à l'avenir, parce que nous aimons la clarté, et que l'on n'a fait jusqu'ici qu'environner le corps électoral d'obscurité.

Il n'y a pas de demi-liberté, nous ne saurions supporter de fausse liberté, ni ceux qui s'évertuent à la propager.

Pas de masques! ou nous les jetterons brutalement et publiquement au vent, annonçant leur origine et les formes nouvelles auxquelles on pourra les reconnaître.

Le temps des paroles n'est plus, celui des actes devrait enfin commencer; c'est ce que nous attendons depuis longtemps.

TROISIÈME CATÉGORIE

ÉLECTIONS MUNICIPALES

On peut établir en principe que la commune est la base de tout gouvernement, puisque sans elle il n'est pas d'Etat, ni de gouvernement possible. L'État sera donc ce que seront les communes elles-mêmes; sa richesse, son prestige, ses gloires dépendant de la somme des richesses, du prestige, des gloires de la réunion des communes. L'État n'existe que métaphysiquement, s'il n'est la représentation d'un tout, dont la partie essentielle est la commune. Celle-ci est donc cause, tandis que le gouvernement n'est qu'effet; c'est d'elle, *à fortiori*, que doivent découler, comme conséquence inévitable et logique, la forme du gouvernement d'abord, ensuite la prospérité elle-même du pays. Pour la démontrer, il suffira de prouver que la commune produit en raison directe de la somme de liberté dont elle jouit, c'est-à-dire en raison inverse de la prépondérance de l'État sur elle.

Examinons avant tout ce qu'a été la commune autrefois, ce qu'elle est aujourd'hui, puis nous étudierons l'influence que ces deux forces nationales, la commune et l'État, ont l'une sur l'autre. Si nous parvenons à démontrer qu'un système de gouvernement centralisateur, autrement dit autocratique, est défectueux, et un obstacle au développement de la force productive de l'agglomération communale, il restera acquis que la liberté est nécessaire à la commune.

Il est utile ici de consulter l'histoire et de rappeler par quelques lignes l'origine des premières tentatives d'émancipation de la commune.

. . . .

La féodalité avait exaspéré tout le monde, dans la période de deux siècles qui sépare ces deux dates, mil quatre-vingt-dix et mil deux cent quinze, en France surtout, où s'accomplissait la grande Révolution désignée sous le nom l'affranchissement des communes. On a pendant longtemps, dit M. Lancrey, attribué à Louis VI la gloire de l'affranchissement des communes, mais s'il ne fut pour rien dans ce grand mouvement, commencé dès la fin du dixième siècle, il eut du moins la gloire d'en avoir reconnu toute l'importance, et d'avoir confirmé l'établissement de certaines communes par charte royale.

Ce terme de commune désignait alors toute ville qui, affranchie de la puissance féodale, se gouvernait et s'administrait elle-même, élisant des magistrats qui avaient le droit de rendre des ordonnances en matière civile, commerciale, judiciaire et de police. Quelques communes avaient même le droit de paix et de guerre.

L'origine des communes a été et est encore très-controversée ; mais il paraît certain qu'elle fut multiple. Dans le Midi, où s'était conservée l'influence du droit écrit, les communes, administrées par des consuls ou des capitouls, n'étaient que la continuation des municipes romains. Au nord de la Loire, où le droit romain avait peu pénétré, les communes durent leur affranchissement soit à l'insurrection, soit à des concessions volontaires des seigneurs.

Une ligne tirée de l'Ouest à l'Est, et passant au Sud du Poitou, au Nord du Limousin, de l'Auvergne et du Lyonnais, marque, dit M. Augustin Thierry dans ses *Considérations sur l'histoire de France,* la limite où s'arrêta la forme consulaire.

Dès le XIe siècle, les évêques de la Provence et du Languedoc ne possédaient plus de leurs droits féodaux que les droits purement honorifiques. Dès lors le mouvement d'affranchissement devint de plus en plus rapide, et il ne fallut rien moins que la guerre des Albigeois pour l'arrêter. Au Nord de la Loire, l'influence fut celle de la tradition germanique modifiée par le christianisme, et la commune tira son origine des Ghildes, associations dont les membres s'engageaient par serment à se soutenir et à s'entr'aider dans toutes les circonstances de la vie.

Les Ghildes avaient probablement, dit encore M. Augustin Thierry, été la source de l'anarchie mérovingienne; mais lorsque, sous le nom de communes jurées, elles furent restreintes aux habitants d'une seule ville, dont elles assuraient la paix intérieure, elles devinrent un puissant élément d'ordre et d'organisation.

La première commune du Nord fut celle du Mans (1070), qui fut de courte durée ; la révolution communale ne commença sérieusement qu'en mil soixante-seize par l'insurrection de Cambrai. Après Cambrai vinrent : Noyon, St-Quentin, Laon, Amiens, Soissons, Reims, Abbeville, St-Ricquier, à huit desquelles Louis VI a octroyé des chartes d'affranchissement.

Une fois libres, et n'ayant plus à craindre les exactions des seigneurs, les communes développèrent leur activité, s'adonnèrent au commerce et à l'industrie, et devinrent la source d'une puissance populaire qui, sous le nom de Tiers-Etat, apparaît déjà dans les assemblées à l'époque de St-Louis... Ce qu'il y a de plus remarquable dans ce mouvement de l'affranchissement des communes, c'est cette idée de combattre au profit des producteurs ou travailleurs, l'influence des seigneurs fainéants et batailleurs, qui regardaient le travail comme une punition sociale, bon tout au plus pour des manants, et indigne d'eux. Les seigneurs en effet, aidés du clergé, pressuraient outre mesure le peuple pour obtenir de lui un travail dont celui-ci ne profitait presque pas, puisqu'en aumônes, neuvaines, messes, pèlerinages, dévotions, droits de naissance et de mort, etc., etc., tout un personnel religieux de tous ordres vivait et s'engraissait, gourmandant ceux qui semblaient vouloir échapper à leur influence, lançant partout l'anathème, chose horrible alors qui mettait un homme hors la loi, poursuivant sans trêve ni merci les pionniers du progrès, quels que fussent leur nom et leur talent, comme des ennemis de la société, comme de vraies bêtes fauves.

C'est qu'à côté des droits du clergé et des seigneurs, alors tout puissants dans la commune, il y avait la terrible sanction de la justice du bon plaisir. Le roi lui-même n'avait pas toujours assez de pouvoir pour sortir un roturier des oubliettes du château féodal. Il craignait, en usant de son autorité, de compromettre la solidité des liens qui l'unissaient à ses représentants ou alliés de la province.

Quant au peuple, pouvait-il légalement s'affranchir de cette double, l'on devrait dire, triple influence ? Non ! il n'avait aucun droit. Il recourut à la force, et insensiblement obtint, comme nous venons de le voir, une partie des franchises municipales.

Comparons maintenant les communes affranchies aux villes ou villages soumis au régime de la féodalité, et voyons si réellement, comme nous l'avons émis tout d'abord, la richesse productive d'un pays est en raison directe de la somme de liberté dont il jouit. Il nous paraît inutile de dire que ce qui sera vrai pour quelques communes le sera également pour toutes les communes ; nous nous abstiendrons donc de multiplier les exemples, laissant au lecteur lui-même le soin de généraliser.

En ne s'arrêtant seulement qu'aux communes déjà citées, il est facile, l'histoire en main, de se convaincre de l'influence heureuse et directe de la liberté sur la production. Entre toutes les agglomérations, entre toutes les cités les plus prospères, les plus florissantes, les communes libres prennent le premier rang. Dans leurs murs s'établissent les marchés les plus en renom, où arrivent de tous les points du territoire et de l'étranger les produits les plus divers. Cette exhibition périodique d'objets de toute provenance était on ne peut plus favorable au progrès de l'industrie, de l'agriculture et surtout du commerce, car c'était sur ces marchés que les prix se faisaient, on pourrait dire aujourd'hui, que la bourse se cotait. L'on reconnaît déjà, dans ces rendez-vous commerciaux , l'origine réelle du progrès dégagé des préjugés qui retenaient le moyen-âge dans le fanatisme, et comme un pas fait vers le positivisme. Il ne manquait, pour accentuer ces tendances vers la liberté et les appliquer à l'État lui-même, que l'instruction.

Guttemberg devait bientôt donner à chacun, par l'admirable découverte de l'imprimerie, les moyens faciles de se procurer les écrits des maîtres de l'antiquité. Avec le quinzième siècle commence une ère nouvelle. Ce ne sont plus seulement des progrès matériels accomplis, l'on sent dans tout ce qui s'opère, se découvre, l'influence d'une instruction naissante rapidement répandue dans une certaine classe de travailleurs aisés, de commerçants enrichis, que l'on appela Bourgeoisie, et que nous étudierons bientôt. A partir de ce moment, l'influence despotique des seigneurs et celle du clergé, toute tirée d'un théocratisme intolérant jusqu'à l'exaspération , diminuèrent très-sensiblement d'abord, pour disparaître par la suite, à mesure que de nouvelles découvertes venaient condamner des doctrines étayées sur le fanatisme et le servilisme le plus dégradant, desquelles tout, au dire de leurs partisans, devait découler nécessairement.

Tandis que dans les communes libres on s'adonnait au travail, à l'observation et à l'expérimentation des phénomènes qui tombaient sous les sens, pour en rechercher l'explication et les appliquer à l'usage de tous; que l'on perfectionnait sans cesse les outils de l'atelier; que l'on créait des écoles, où l'on faisait des hommes et non des dévots imbéciles; tandis que de la somme de ces efforts naissaient des merveilles utiles à la société: que faisaient les communes inféodées ? Elevées à l'école de l'obéissance passive, de l'étouffement des facultés intellectuelles par l'imposition de théories indiscutables sous peine d'excommunication, de l'abnégation de soi-même pour rapporter tout à la gloire du seigneur et du roi, *représentants de Dieu lui-même sur cette vallée de larmes*, pouvaient-elles suivre l'exemple qui leur était donné par les communes émancipées? Ce n'était pas possible, puisque des principes mêmes de leur éducation sociale, l'initiative individuelle, autrement dit la liberté individuelle, on le conçoit sans peine, était littéralement exclue. Le manant se complaisait presque dans la pauvreté, car il savait que les souffrances qu'il supportait sur cette terre lui ouvraient les portes d'un éternel et bienheureux séjour. Et comme la pauvreté engendre forcément la mendicité, l'on vit dans ces malheureuses cités beaucoup plus de mendiants que de gens aisés. Il n'est rien qui avilisse plus un homme que la mendicité. Les institutions sociales qui produisent de tels résultats sont condamnables au premier chef. Si par la pauvreté on arrive, ce qui est incontestable, à consolider l'autorité des despotes, et que ce soit là le but que ces derniers se proposent d'atteindre, il est évident que les entraves apportées à l'initiative privée ne sont que des moyens d'oppression. La liberté individuelle est donc indispensable pour la production, et comme chaque commune se compose d'un ensemble d'individus, ce qui est vrai pour la partie l'est aussi pour la totalité. Il s'ensuit aussi que l'Etat, qui n'est que la réunion de toutes les communes, verra sa prospérité croître avec celle des communes.

Nous avions donc raison de dire que la commune était la base de tout gouvernement, car il n'est pas admissible que des communes libres se donnent un pouvoir autocratique, dont le premier effet serait, en résumant en lui tous les efforts, d'arrêter le développement productif national. Mais si, comme autrefois, les électeurs de la commune oublient la part qu'ils prennent à la fondation du gouvernement, toutes les fois qu'ils déposent leur bulletin dans l'urne pour nommer leur conseil municipal, si, pour ne pas déplaire à quelques influences locales, ils compromettent par de coupables complaisances le succès d'une cause à laquelle ils paraissent attachés, s'ils paralysent ainsi l'effort collectif, bientôt les affaires suspendent leurs cours régulier, la méfiance remplace la confiance ; le chômage et la misère, ces deux fantômes précurseurs de la terrible faim, conduisent au crime, à la violation flagrante des lois, des masses de citoyens inconscients, qui mettent toute la gêne, toute la misère qu'ils supportent, sur le compte du régime lui-même, ne se souvenant plus que par leurs votes ils l'ont créé, ce régime, et qu'à eux seuls incombe la responsabilité des malheurs qui les frappent ; si de concessions en concessions, ils en arrivent à aliéner volontairement leur liberté ; s'ils abandonnent à leurs propres ennemis politiques la direction des affaires de la commune, sous prétexte que les intérêts politiques sont très-secondaires dans une mairie, ils abdiquent par cela même solennellement au profit de leurs élus, et préparent eux-mêmes leurs souffrances.

Oh ! si une fois en place ces derniers avaient tenu leur promesses de candidats ; s'ils avaient relégué au dernier plan la politique, il n'y aurait pas eu grand danger, avant la participation des conseils municipaux à la nomination des sénateurs, à confier l'administration communale à un conseil composé de toutes les opinions ; mais il n'en était pas ainsi.

Autour de toute municipalité se trouvaient des agents, dont la couleur politique variait selon celle de la municipalité elle-même, de sorte que, sans s'en douter, les électeurs implantaient dans la majorité des communes, les payaient de leurs deniers, des fonctionnaires qui, sur un signe d'un gouvernement de combat, devenaient de petits tyrans impitoyables. Faisant métier de surveiller la société, de la suspecter pour tel ou tel régime, de façon à empêcher la mise à jour des aspirations vraies de la majorité, ils luttaient avec plus ou moins d'adresse, mais toujours sans relâche, contre la libre expression du suffrage, qu'ils dénaturaient toutes les fois que l'occasion leur en était offerte.

Il y a toujours eu, en France et ailleurs, une catégorie de gens de cette espèce qui ont passé leur vie à contrôler les agissements des autres, non pas souvent parce qu'un tel espionnage leur était payé, mais par entraînement quelquefois à servir un régime à la mode, sans trop s'occuper s'il convenait au pays, et pouvait efficacement servir ses intérêts.

L'homme qui descend à ce niveau d'insouciance patriotique est au moins à plaindre, s'il n'est pas blâmable. Malheureusement dans chaque commune il s'en trouvait en assez grand nombre pour correspondre constamment avec le pouvoir absolu, pour le renseigner sur ce qui pouvait ébranler son autorité, sans laquelle leur influence eût été nulle.

Cette force, ce levier du pouvoir despotique, on le rencontrait partout, des champs à l'atelier, de la mansarde au salon. Ces parasites de la société seront pendant longtemps une entrave sérieuse au développement des libertés publiques, si chaque citoyen ne se donne pour maxime de fuir cet élément pernicieux, s'il ne le combat sans cesse jusqu'à son extinction, que je souhaite ardemment, dans l'intérêt de la morale publique et de la dignité humaine.

Dans cette marche rapide à travers les âges, nous avons noté particulièrement une classe de la société : la bourgeoisie.

Il nous paraît d'autant plus nécessaire de rappeler son origine, le rôle qu'elle a joué, que dans le canton de Bességes elle occupe la place du lion, et qu'elle n'est peut-être pas étrangère à l'arrêt du progrès de la liberté communale.

D'extraction plébéienne, la bourgeoisie oublia, à mesure qu'elle s'enrichit, les souffrances de son berceau ; elle ne songea qu'à contrebalancer l'influence des seigneurs et du clergé, pour prendre plus tard leur place. Ce fut là un tort, que le bon sens et l'expérience semblent de nos jours vouloir effacer par un salutaire retour aux vrais principes.

Les luttes séculaires de la bourgeoisie eurent pour principal objet de la soustraire au pouvoir personnel ; elles restent comme autant de gloires que nous enregistrons avec plaisir à son avoir, parce qu'elles donnèrent naissance aux revendications démocratiques, et servirent d'exemple au peuple.

« Dans l'acception la plus générale du mot,

les bourgeois aujourd'hui sont les habitants des villes qui y exercent quelque profession, y vivent de leur industrie ou de leurs revenus, et y jouissent de certains droits que n'ont pas les étrangers. Habitants des bourgs et villes seigneuriales qui jouissent de la liberté, ils devaient sous la féodalité payer aux seigneurs des droits de bourgeoisie accoutumés, ou stipulés dans les chartes ou titres d'affranchissement. Le bourgeois était alors l'opposé du serf. Entre la bourgeoisie, la noblesse et le clergé, il y avait une ligne de démarcation bien profonde.

» Ceux-ci ne devaient au pays que leurs prières ou le service militaire, et celle-là donnait tout à la fois son sang dans les batailles, et l'argent nécessaire aux besoins du royaume. Le Tiers-Etat seulement était soumis à l'impôt. Aux Etats-Généraux tenus à Tours en mil quatre cent quatre-vingt-quatre, un député de la noblesse, répliquant à un député du Tiers-Etat, qui avait demandé l'impôt pour tous, s'exprimait ainsi : «Personne n'ignore quelle est la division des Etats et des membres de la nation. Par cette division, il est donné au clergé de prier pour les autres, de conseiller, de prêcher ; à la noblesse, de les protéger par les armes, et au Tiers-Etat de nourrir et d'entretenir les nobles et les gens d'église, au moyen d'impôts et de l'agriculture. »

» Au XIIe siècle, la bourgeoisie se composait des marchands, des négociants, des petits détaillants, des petits propriétaires. Quelques siècles plus tard, elle comprenait les avocats, les procureurs, les médecins, les hommes de lettres, les magistrats locaux.

» Plus tard encore le cercle s'étendit, et la bourgeoisie devint une classe politique nombreuse, puissante par les lumières et les richesses, qui détruisit la noblesse et abattit la royauté. En mil huit cent trente, elle s'est assise sur le trône.

» Elle a pris, dans la personne du roi Louis-Philippe, le nom de royauté bourgeoise. Mil huit cent trente fut l'avènement de la bourgeoisie, comme mil huit cent quarante-huit a été l'avènement du peuple. » (1)

« Il y a un grand mérite d'à-propos à recueillir l'histoire de ces familles sans nom, mais non pas sans gloire, d'où sont sortis les hommes qui firent les révolutions de mil sept cent quatre-vingt-neuf, et de mil huit cent trente... En effet, de grandes leçons et de beaux exemples pour le

(1) Maurice Lachâtre.

siècle présent peuvent sortir de la révélation de cette face obscure et trop négligée des six derniers siècles de notre histoire nationale. Il y avait chez nos ancêtres, cantonnés dans leurs mille petits centres de liberté et d'actions *municipales,* des mœurs fortes, des vertus civiques, un dévouement naïf et intrépide à la loi commune, et à la cause de tous ; surtout ils possédaient à un haut degré cette qualité du vrai citoyen et de l'homme politique, qui consiste à savoir nettement ce qu'on veut, et à nourrir des volontés fortes et persévérantes » (1).

Si la bourgeoisie arriva au pouvoir, c'est qu'elle s'imposait par les services qu'elle rendait au pays, en développant la production nationale. Dans son sein, les lettres, les sciences, les arts avaient la plus large place, et c'était encore chez elle que l'on trouvait la source du progrès. Mais elle se laissa un instant aller à un tel appétit du lucre, qu'elle ne se souvint presque plus de ses traditions, et perdit une partie de son prestige.

Le règne de la bourgeoisie fut un règne de caste. Après avoir lutté contre les priviléges seigneuriaux et du clergé, elle s'octroya des mo-

(1) Augustin Thierry.

nopoles, contre lesquels la démocratie proteste depuis, et qui, sous des dehors différents, produisent presque des résultats semblables à ceux de la tyrannie féodale.

Cette nouvelle et étrange feodalité financière, par peur du flot montant de la démagogie, comme l'on dit encore de nos jours, en devint anti-libérale, et on la vit se jeter dans les bras d'un sauveur de rencontre affamé, comme si les ancêtres de ses représentants n'avaient jamais combattu le pouvoir absolu, comme s'ils avaient toujours fait cause commune avec lui !

Vingt années d'esclavage, le désarroi dans les finances, le commerce anéanti, la perte de deux provinces, une rançon de cinq milliards, des frais de guerre énormes, notre abaissement national, des désastres sans précédent dans les annales de l'histoire, furent le prix d'un tel oubli, d'une telle faiblesse. Les partis politiques capables de pareilles inconséquences ne peuvent avoir de durée.

L'empire, qui avait l'incroyable impudeur de représenter la démocratie, éclipsa la bourgeoisie, d'abord en lui faisant insensiblement perdre, par de fausses gloires militaires, le peu d'influence qu'elle avait conservée malgré ses fautes ; il la relégua au dernier plan politique, et finit par la faire oublier presque complétement. Le sabre tenait le premier rang. Quant au commerce, à l'industrie, à l'agriculture, il n'en était question que pour les imposer. Il fallait bien payer toute cette fumée de poudre, qui couvre, comme d'un sinistre nuage rouge de sang, ce règne de dépravation sur le blason duquel on pourrait peindre, pour le montrer aux générations futures, un casse-tête et une cocotte de boulevard. La bourgeoisie, la démocratie avaient beau travailler et produire, tout disparaissait dans le gouffre de la débauche impériale.

Nos malheurs sont le point de départ de l'alliance de la bourgeoisie avec la démocratie. Avant d'examiner ce que cette alliance a d'attaches dans notre canton, citons les remarquables lignes suivantes, dues à la plume de Tocqueville, qui sont comme l'histoire de la démocratie.

« Une grande révolution démocratique s'opère parmi nous ; tous la voient, mais tous ne la jugent pas de la même manière. Les uns la considèrent comme une chose nouvelle, et la prennent comme un accident, ils espèrent pouvoir encore l'arrêter ; tandis que d'autres la jugent irrésistible, parce qu'elle leur semble le fait le plus continu, le plus ancien et le plus permanent que l'on connaisse dans l'histoire. Si l'on se reporte pour un moment à ce qu'était la France il y a sept cents ans, on la trouve partagée entre un petit nombre de familles qui possèdent la terre et gouvernent les habitants : le droit de commander descend alors de génération en génération avec les héritages ; les hommes n'ont qu'un seul moyen d'agir les uns sur les autres, la force ; on ne découvre qu'une seule origine de la puissance, la propriété foncière.

» Mais voici le pouvoir du clergé qui vient à se fonder et bientôt à s'étendre. Le clergé ouvre ses rangs à tous, au pauvre et au riche, au roturier et au seigneur ; l'égalité commence à pénétrer par l'Eglise au sein du gouvernement, et celui qui eût végété comme serf dans un éternel esclavage, se place comme prêtre au milieu des nobles, et va souvent s'asseoir au-dessus des rois (1).

» La société devenant, avec le temps, plus civilisée et plus stable, les différents rapports entre les hommes deviennent plus compliqués et plus

(1) Il est à remarquer que le clergé ne prôna l'égalité que tant qu'il ne fût pas au pouvoir. Dès que son influence grandit il devint à son tour oppresseur.

nombreux. Le besoin des lois civiles se fait vivement sentir. Alors naissent les légistes ; ils sortent de l'enceinte obscure des tribunaux et du réduit poudreux des greffes, et ils vont siéger dans la cour des princes, à côté des barons féodaux couverts d'hermine et de fer. Les rois se ruinent dans les grandes entreprises ; les nobles s'épuisent dans les guerres privées ; les roturiers s'enrichissent dans le commerce. L'influence de l'argent commence à se faire sentir sur les affaires de l'Etat. Le négoce est une source nouvelle qui s'ouvre à la puissance, et les finances deviennent un pouvoir politique qu'on méprise et qu'on flatte. Peu à peu les lumières se répandent ; on voit se réveiller les goûts de la littérature et des arts; l'esprit devient alors un élément de succès; la science est un moyen de gouvernement ; l'intelligence une force sociale ; les lettrés arrivent aux affaires. A mesure cependant qu'il se découvre des routes nouvelles pour parvenir au pouvoir, on voit baisser la valeur de la naissance. Au XIe siècle, la noblesse était d'un prix inestimable, on l'achète au XIIIe ; le premier anoblissement a lieu en mil deux cent soixante-dix, et l'égalité s'introduit enfin dans le gouvernement par l'aristocratie elle-même.

» Durant les sept cents ans qui viennent de s'écouler, il est arrivé quelquefois que, pour lutter contre l'autorité royale, ou pour enlever le pouvoir à leurs rivaux, les nobles ont donné une puissance politique au peuple. Plus souvent encore, on a vu les rois faire participer au gouvernement les classes inférieures de l'Etat, afin d'abaisser l'aristocratie.

» En France, les rois se sont montrés les plus actifs et les plus constants des niveleurs. Quand ils ont été ambitieux et forts, ils ont travaillé à élever le peuple au niveau des nobles ; et quand ils ont été modérés et faibles, ils ont permis que le peuple se plaçât au dessus d'eux-mêmes. Les uns ont aidé la démocratie par leurs talents, les autres par leurs vices. Louis XI et Louis XIV ont pris soin de tout égaliser au dessous du trône, et Louis XV est enfin descendu lui-même avec sa cour dans la poussière.

» Dès que les citoyens commencèrent à posséder la terre autrement que suivant la tenure féodale, et que la richesse mobilière, étant connue, put à son tour créer l'influence et donner le pouvoir, on ne fit point de découvertes dans les arts, on n'introduisit plus de perfectionnement dans le commerce et l'industrie, sans créer autant de nouveaux éléments d'égalité parmi les hommes.

» A partir de ce moment, tous les procédés qui se découvrent, tous les besoins qui viennent à naître, tous les désirs qui demandent à se satisfaire, sont des progrès vers le nivellement universel. Le goût du luxe, l'amour de la guerre, l'empire de la mode, les passions les plus profondes, semblent travailler de concert à appauvrir les riches et à enrichir les pauvres.

» Depuis que les travaux de l'intelligence furent devenus des sources de force et de richesse, on dut considérer chaque développement de la science, chaque connaissance nouvelle, chaque idée neuve, comme un germe de puissance mis à la portée du peuple.

» La poésie, l'éloquence, la mémoire, la profondeur de la pensée, tous ces dons profitèrent à la démocratie, et lors même qu'ils se trouvèrent dans la possession de ses adversaires, ils servirent encore sa cause, en mettant en relief la grandeur naturelle de l'homme ; ses conquêtes s'étendirent donc avec celles de la civilisation et des lumières, et la littérature fut un arsenal ouvert à tous, où les faibles et les pauvres vinrent chaque jour chercher des armes.

» Lorsqu'on parcourt les pages de notre histoire, on ne rencontre pour ainsi dire pas de grands événements qui, depuis sept cents ans, n'aient tourné au profit de l'égalité. Les croisades et les guerres des Anglais déciment les nobles et divisent leurs terres ; l'institution des communes introduit la liberté démocratique au sein de la monarchie féodale ; la découverte des armes à feu égalise le vilain et le noble sur le champ de bataille ; l'imprimerie vient déposer la lumière sur le seuil de la cabane comme à la porte des palais ; le protestantisme soutient que tous les hommes sont également en état de trouver le chemin du ciel ; l'Amérique, qui se découvre, présente à la fortune mille routes nouvelles, et livre à d'obscurs aventuriers les richesses et le pouvoir.

» Si, à partir du XIe siècle, vous examinez ce qui se passe en France de cinquante en cinquante années, au bout de chacune de ces périodes vous ne manquerez point d'apercevoir qu'une double révolution s'est opérée dans l'état de la société. Le noble aura baissé dans l'échelle sociale, le roturier s'y sera élevé ; l'un descend, l'autre monte. Chaque demi-siècle les rapproche, et bientôt ils vont se toucher. Et partout s'opère et se continue la même révolution.

» Partout on a vu les divers incidents de la vie des peuples tourner au profit de la démocratie; tous les hommes l'ont aidée de leurs efforts; ceux qui avaient en vue de concourir à ses succès, et ceux qui ne songeaient point à la servir; ceux qui ont combattu pour elle, et ceux même qui se sont déclarés ses ennemis; tous ont été poussés pêle-mêle dans la même voie, et tous ont travaillé en commun, les uns malgré eux, les autres à leur insu.

» Le développement graduel de l'égalité des conditions est donc un fait providentiel, il en a les principaux caractères; il est universel, il est durable, il échappe chaque jour à la puissance humaine; tous les événements, comme tous les hommes, servent à son développement.

» Serait-il sage de croire qu'un mouvement social qui vient de si loin pourra être suspendu par les efforts d'une génération ? Pense-t-on qu'après avoir détruit la féodalité et vaincu les rois, la démocratie reculera devant les bourgeois et les riches? S'arrêtera-t-elle maintenant qu'elle est devenue si forte et ses adversaires si faibles? Où allons-nous donc? Nul ne saurait le dire; car déjà les termes de comparaison nous manquent : les conditions sont plus égales de nos jours qu'elles ne l'ont jamais été dans aucun temps, ni dans aucun pays du monde; ainsi la grandeur de ce qui est déjà fait empêche de prévoir ce qui peut se faire encore.

» Si de longues observations et des méditations sincères amenaient les hommes de nos jours à reconnaître que le développement graduel et progressif de l'égalité est à la fois le passé et l'avenir de leur histoire, cette seule découverte donnerait à ce développement le caractère sacré de la volonté du souverain maître. Vouloir arrêter la démocratie, paraîtrait alors lutter contre Dieu même, et il ne resterait aux nations qu'à s'accommoder à l'état social, que leur impose la providence.

» Il faut une science politique nouvelle à un monde nouveau. Mais c'est à quoi nous ne songeons guère : placés au milieu d'un fleuve rapide, nous fixons obstinément nos yeux vers quelques débris qu'on aperçoit sur le rivage, tandis que le courant nous entraîne et nous pousse à reculons vers des abîmes.

» Il n'y a pas de peuple, en Europe, chez lesquels la grande révolution sociale que nous venous de décrire ait fait de plus rapides progrès que parmi nous; mais elle a toujours marché au hasard. Jamais les chefs de l'Etat n'ont pensé à rien préparer pour elle ; elle s'est faite malgré eux, et à leur insu. Les classes les plus puissantes, les plus intelligentes et les plus morales de la nation, n'ont point cherché à s'emparer d'elle, afin de la diriger.

» La démocratie a donc été abandonnée à ses instincts ; elle a grandi comme ces enfants, privés des soins paternels, qui s'élèvent d'eux-mêmes dans les rues de nos villes, et qui ne connaissent de la société que ses vices et ses misères.

» On semblait encore ignorer son existence, quand elle s'est emparée à l'improviste du pouvoir. Chacun alors s'est soumis avec servilité à ses moindres désirs ; on l'a adorée comme l'image de la force ; quand ensuite elle a paru s'affaiblir, les législateurs conçurent le projet imprudent de la détruire, au lieu de chercher à l'instruire. Il en est résulté que la révolution démocratique s'est opérée dans le matériel de la société, sans qu'il se fît dans les lois, les habitudes et les mœurs, le changement nécessaire pour rendre cette révolution utile.

» En quittant l'état social de nos aïeux, en jetant pêle-mêle derrière nous leurs institutions, leurs idées et leurs mœurs, qu'avons-nous pris à la place ? Le prestige du pouvoir royal s'est évanoui, sans être remplacé par la majesté des lois. De nos jours le peuple méprise l'autorité, mais il la craint, et la peur arrache de lui plus que ne donnaient jadis le respect et l'amour.

» Nous avons détruit les existences individuelles qui pouvaient lutter séparément contre la tyrannie; mais le gouvernement hérite seul de toutes les prérogatives arrachées à des familles, à des corporations ou à des hommes. A la force quelquefois oppressive, mais souvent conservatrice, d'un petit nombre de citoyens, a succédé la faiblesse de tous.

» La division des fortunes a diminué la distance qui séparait le pauvre et le riche; mais, en se rapprochant, ils semblent avoir trouvé des raisons nouvelles de se haïr, et, jetant l'un sur l'autre des regards pleins de terreur et d'envie, ils se repoussent mutuellement du pouvoir ; pour l'un comme pour l'autre, l'idée des droits n'existe pas, et la force leur apparaît à tous les deux comme la seule raison du présent et l'unique garantie de l'avenir.

» La société est tranquille, non point parce qu'elle a la conscience de sa force et de son bien-être, mais au contraire parce qu'elle se croit faible et infirme; elle craint de mourir en faisant un effort; chacun sent le mal, mais nul n'a le courage et l'énergie nécessaires pour chercher le mieux; on a des désirs, des regrets, des chagrins et des joies, qui ne produisent rien de visible ni de durable, semblables à des passions de vieillard qui n'aboutissent qu'à l'impuissance.

» Ainsi nous avons abandonné ce que l'état ancien pouvait présenter de bon, sans acquérir ce que l'état actuel pouvait offrir d'utile; nous avons détruit une société aristocratique, et, nous arrêtant complaisamment au milieu des débris de l'ancien édifice, nous semblons vouloir nous y fixer pour toujours.

» Ce qui arrive dans le monde intellectuel n'est pas moins déplorable. Gênée dans sa marche, la démocratie, en France, a renversé tout ce qui se rencontrait sur son passage, ébranlant ce qu'elle ne détruisait pas. On ne l'a point vue s'emparer peu à peu de la société, afin d'y établir paisiblement son empire; elle n'a cessé de marcher au milieu des désordres et l'agitation d'un combat.

» Animé par la chaleur de la lutte, poussé au delà des limites naturelles de son opinion, chacun perd de vue l'objet même de ses poursuites, et tient un langage qui correspond mal à ses vrais sentiments, et à ses instincts secrets. De là l'étrange confusion dont nous sommes forcés d'être les témoins. Rien qui mérite d'exciter plus de douleur et plus de pitié que ce qui se passe sous nos yeux ; il semble qu'on ait brisé de nos jours le lien naturel qui unit les opinions aux goûts et les actes aux croyances; la sympathie, qui s'est fait remarquer de tout temps, entre les sentiments et les idées des hommes, paraît détruite, et l'on dirait que toutes les lois de l'analogie morale sont abolis.

»On rencontre encore parmi nous des chrétiens pleins de zèle, dont l'âme religieuse aime à se nourrir des vérités de l'autre vie ; ceux-là vont s'animer sans doute en faveur de la liberté humaine, source de toute grandeur morale. Mais par un concours d'étranges événements, la religion se trouve engagée au milieu des puissances que la démocratie renverse, et il lui arrive de repousser l'égalité et de maudire la liberté.

» Les siècles passés ont vu des âmes basses et vénales préconiser l'esclavage, tandis que des esprits indépendants et des cœurs généreux luttaient sans espérance pour sauver la liberté humaine. Mais on voit souvent, de nos jours, des hommes naturellement nobles et fiers, vanter la servilité et la bassesse, qu'ils n'ont jamais connues pour eux-mêmes.

» Il est des hommes vertueux que leurs mœurs pures et leurs lumières placent naturellement à la tête des populations qui les environnent ; pleins d'un amour sincère pour la patrie, ils sont prêts à faire pour elle de grands sacrifices ; cependant la civilisation trouve souvent en eux des adversaires ; ils confondent ses abus avec ses bienfaits, et dans leur esprit, l'idée du mal est indissolublement liée à celle du nouveau.

» Où sommes-nous donc ? Les hommes religieux combattent la liberté, et les amis de la liberté combattent les religions ; des esprits nobles et généreux vantent l'esclavage, et des âmes basses et serviles préconisent l'indépendance ; des citoyens honnêtes et éclairés sont ennemis de tous les progrès, tandis que des hommes sans patriotisme et sans mœurs, se font les apôtres de la civilisation et des lumières ! Tous les siècles ont-ils donc ressemblé au nôtre ?

» L'homme a-t-il toujours eu sous les yeux, comme de nos jours, un monde où rien ne s'enchaîne ; où la vertu est sans génie, et le génie sans honneur ; où l'amour de l'ordre se confond avec le goût des tyrans, et le culte saint de la liberté avec le mépris des lois ; où la conscience ne jette qu'une clarté douteuse sur les actions humaines ; où rien ne semble plus défendu, ni permis, ni honnête, ni honteux, ni vrai, ni faux?

» Penserais-je que le Créateur a fait l'homme pour le laisser débattre sans fin, au milieu des misères intellectuelles qui nous entourent. Je ne saurais le croire ! Dieu prépare aux sociétés européennes un avenir plus fixe et plus calme; j'ignore ses desseins, mais je ne cesserai pas d'y croire, et j'aimerais mieux douter de mes lumières que de sa justice » (1).

Ces forces politiques, la noblesse aujourd'hui disparue, ou à peu près, pour faire place à l'aristocratie industrielle ou financière, la bourgeoisie et la démocratie sont les trois éléments constitutifs de la commune. Il y en a bien encore, si l'on veut, une quatrième, la clérocratie, mais celle-là s'en va avec la noblesse, et tombe de plus en plus dans l'oubli, à mesure que le niveau de la science monte. Selon que les électeurs donneront la direction de leurs affaires communales à telle ou telle de ces classes, la liberté croîtra ou diminuera; chacune d'elles a des vues, sinon opposées, tout au moins bien différentes, cela est évident. Si donc dans un canton comme

(1) Tocqueville.

celui de Bességes, éminemment démocratique par le nombre (il devrait l'être aussi par les convictions, à cause même de la similitude des intérêts de la majorité avec la forme gouvernementale démocratique), l'on prend note de l'antagonisme de ces partis, chose nuisible, il faut le reconnaître, à l'intérêt de tous, si l'on est persuadé de la nécessité, pour se mettre en harmonie avec le suffrage universel, d'appeler les représentants de la majorité à la tête de la municipalité, on a le droit d'être surpris d'obtenir, avec tous les éléments de succès, des résultats électoraux anti-démocratiques. Il faut bien l'avouer en toute sincérité, le parti républicain à Bességes, et dans nos communes, ne jouit pas toujours de la somme de liberté locale que l'on rencontre dans d'autres pays. On y trouve des influences inconnues ailleurs, qui ont été jusqu'ici des moyens de résistance au progrès des idées vraiment libérales. Quand nous disons *moyens*, c'est qu'en effet ces influences n'existent pas par elles-mêmes ; elles ne sont que les instruments de certaines doctrines sociales ou politiques, dont il n'est pas facile de déterminer le point de départ, ni le but qu'elles poursuivent.

Nous ne voulons pas rentrer dans la discussion de ces faits purement sociaux, ayant plutôt trait à des rapports d'ouvriers à patrons, qu'à des relations de citoyens à citoyens : nous reconnaissons cependant une certaine parenté entre ces deux questions, et voudrions pouvoir les mener de front, si nous ne croyions plus utile de réserver pour une autre étude, un des sujets les plus ardus peut-être, le problème social le plus cherché entre tous, celui qui occupe tant de cerveaux impatients, *l'amélioration du sort des classes laborieuses !* Nous ne pouvons oublier que ce travail a un but uniquement politique.

Si l'on examine avec attention la bourgeoisie de notre canton, on est surpris de la différence qui existe entre elle, et celle que nous avons déjà étudiée. Les commerçants, propriétaires ou petits industriels de nos cités ouvrières devraient avoir cependant des idées libérales, car ils ne relèvent guère que d'eux-mêmes ; mais, ouvriers d'hier pour la plupart, ils se souviennent de la compagnie qui leur a fourni du travail, et ont pour elle une reconnaissance qui ne s'arrête pas toujours devant l'urne. Ce n'est pas en émettant un vote de complaisance que l'on s'acquitte d'une semblable dette ; la nature du service, s'il y a service, n'ayant aucune analogie avec cette forme de reconnaissance, il n'y a, dans cet acte, qu'un abandon de la liberté de conscience au profit d'autrui, et une dégradation politique volontaire. Le désir immodéré du lucre conduit ordinairement l'électeur à un tel oubli de ses propres droits, comme si le négoce de ces petits bourgeois, l'industrie des uns et les récoltes des autres, pouvaient être transformés par un vote municipal.

On a trop usé de l'épouvantail du *marasme des affaires*, pour qu'aujourd'hui quelqu'un attache à une telle manœuvre la moindre attention.

Les causes du ralentissement du commerce, des travaux de l'industrie, et la prospérité agricole, ne sont nullement subordonnées au triomphe des partis dans la commune, à moins que comme aujourd'hui l'avènement de l'un ne contribue à fixer, à consolider le régime républicain, ou n'ait mission de le détruire. Or là est toute la question.

La bourgeoisie grande ou petite, aristocratique ou démocratique, et la démocratie pure ayant une origine libérale commune, c'est à elles qu'il appartient d'établir le seul régime compatible avec leurs intérêts, et de fonder par cette alliance souhaitée par le grand patriote que la France pleure encore, le gouvernement du pays par le pays. Mais, si l'une de ces forces cherche à dominer les autres pour les asservir, il y a antagonisme entre elles ; les plus faibles s'allient, et passent leur temps à trouver des procédés, pour supplanter les plus fortes, absolument comme nous l'avons vu au moyen-âge pour la noblesse et le clergé, aux prises avec la bourgeoisie et la démocratie. De là s'ensuivrait une guerre perpétuelle de classe à classe, préjudiciable à tous, en commençant par les intérêts de la commune elle-même. Quand l'intelligence des hommes s'use ainsi en pure perte à se combattre mutuellement, il en est bientôt fait des institutions où se livrent ces luttes. L'esprit de domination, jusqu'à ce jour le mobile de certaines classes privilégiées, auxquelles la misère est très-souvent inconnue, et qui, en cœurs froids ne tentent rien pour la faire disparaître, est une des plus larges plaies sociales, celle peut-être qu'il est nécessaire de combattre avec le plus de persévérance, parce qu'elle est la source de tous nos maux. Qui l'ignore dans notre canton ?

Ou bien la bourgeoisie aristocratique s'est donné pour but de reprendre à son bénéfice le pouvoir absolu et tyrannique, tel que nous l'avons vu exercé par les seigneurs d'autrefois, et alors la résistance doit recommencer comme au moyen-âge, en prenant pour exemple celui de nos pères, ou bien elle veut rentrer dans les voies libérales que la France s'est imposées.

Il n'y a pas de milieu ! aujourd'hui, il est impossible de considérer un homme comme un serf, et l'on ne pourrait agir autrement sans être libéral. Que l'on choisisse donc entre ces deux termes, despotisme, c'est-à-dire guerre à la république, ou liberté affirmant ce régime, et que l'on cesse une fois pour toutes de bercer d'illusions les républicains, pour ne satisfaire que leurs ennemis ; car il semblerait que c'est là le but poursuivi. Veut-on savoir comment on peut atteindre ce but dans des communes ouvrières ?

Avec les habitudes contractées dans le corps électoral, on n'arrive au pouvoir absolu qu'à la condition d'agir méthodiquement, sans précipitation, afin d'éviter les protestations collectives, et comme si la chose s'accomplissait tout naturellement, par la libre volonté des électeurs.

Quand on est à la recherche de la solution d'un tel problème, la première des données, l'on devrait dire toutes les données, méritent d'être solidement posées ; c'est l'histoire elle-même des peuples qui les fournit. L'on y découvre qu'il y a deux façons d'asservir une population : par la misère et par l'ignorance. Dans des pays industriels comme les nôtres, rien n'est plus facile d'obtenir le premier résultat ; il n'y a pour cela qu'à copier le système employé par les seigneurs au moyen-âge, et à l'appliquer, en tenant compte de la différence des temps. Ainsi, partout où le travail sera rançonné, et de moins en moins rétribué, à mesure que la docilité des travailleurs augmentera, partout où les matières servant à l'alimentation ou à l'entretien des individus, subiront un impôt excessif, quand il ne sera pas le seul, on pourra assurément dire que la liberté, sous toutes les formes, a disparu, ou ne tardera pas à disparaître. Là où l'on verra l'agriculture méprisée, le commerce mis en tutelle, on pourra dire aussi que la cause de tous est perdue, au bénéfice d'un seul, ou d'une oligarchie quelconque en quête de pouvoir absolu. Que l'on ajoute à ces moyens d'asservissement purement matériels, le défaut d'instruction, ce complément naturel, et le rêve de l'ambition despotique des ennemis du suffrage universel sera réalisé. La minorité aura réduit la majorité à l'obéissance, comme si la loi des majorités n'existait pas.

Quelle différence fait-on entre cet état politique et social de la commune, et celui qui existait au moyen-âge ?

Il n'y en a pas !! La méthode d'application est quelque peu voilée, transformée, mais n'arrive-t-on pas aussi sûrement aux mêmes fins ? Aujourd'hui comme alors, le travail n'est-il pas mis à rançon dans certaines communes ?

L'instruction est-elle indistinctement donnée à tous, ou à des privilégiés ? Et n'est-ce pas toujours l'éternelle et ridicule séparation des classes qui prévaut ? C'est contre l'arrêt de l'expansion de l'intelligence humaine, dont on provoque l'avortement de bonne heure, que nous nous élevons surtout, car nous ne sachions pas, oserait-on sérieusement l'objecter, que les écoles des frères ignorantins sont des sources réelles d'instruction ! Tout le monde aujourd'hui est édifié sur le compte de cette congrégation.

Sur cent congréganistes, on en trouve *vingt* tout au plus munis de brevets. Peut-on espérer, avec de tels éléments d'instruction, des effets sociaux de relèvement national comme chacun les rêve, quand les professeurs de ces écoles n'offrent pas une garantie suffisante de savoir? Ce qu'il faudrait dans des communes, où la majorité vit au jour le jour de son travail, c'est d'abord la gratuité absolue de l'enseignement, puis habituer insensiblement l'enfant, dès l'école, aux difficultés professionnelles qu'il sera plus tard appelé à surmonter. L'instruction que l'on recevrait dans ces établissements ne devrait pas être seulement bornée aux connaissances restreintes et spéciales d'une profession, mais comprendre jusqu'aux études préliminaires, qui ouvrent les portes d'écoles supérieures, telles que l'école des Mines de Saint-Étienne, celles des Arts et Métiers ou autres semblables. Que de pères de famille voient l'intelligence de leurs enfants s'étioler, faute de moyens faciles pour développer en eux les qualités naturelles, dont certains sont exceptionnellement doués, et combien il coûterait peu, si on le voulait bien, de féconder ces intelligences, selon leur *capacité, leur puissance d'assimilation!!* Ce serait là l'école de la commune, qui formerait des citoyens utiles à la société et non pas des dévots ignorants luttant contre la science et le progrès; ce serait comme le temple, le sanctuaire où chaque enfant serait élevé au culte de la patrie et au respect de ses semblables.

Par ces deux exemples tirés, l'un de la vie matérielle, l'autre de la vie intellectuelle, le conseil municipal, on le voit, influe directement sur les institutions nationales, puisque, par ses décisions, il peut ouvrir le plus vaste champ à l'intelligence des citoyens, ou le restreindre de façon à mieux marquer la séparation des classes. C'est pour cela que nous disions que la commune était la base de toute organisation gouvernementale, et que d'elle sortaient des hommes libres ou asservis, selon les doctrines politiques qui prévalaient au sein de l'assemblée communale.

L'on comprendra que nous ne rentrions pas dans des détails d'administration municipale, dont nous n'avons pas la responsabilité; cependant nous nous permettrons d'appeler l'attention de nos édiles sur une des études des plus importantes dans tous les pays ouvriers. Généralement, les lois de l'hygiène sont fort mal observées dans ces cités adonnées au travail, lorsque surtout celles-ci sont de création récente, et aussi rapide que nos cités industrielles.

Nous ne voulons pas récriminer et dire que, dès la formation de nos agglomérations ouvrières, l'on aurait dû tout prévoir, ce qui était difficile, mais on aurait pu mieux faire, si des rivalités que nous ne nommerons pas ici, et que personne n'ignore, n'avaient entravé ou retardé la réalisation de ces *desiderata* de la santé publique. Cette étude s'impose dans l'intérêt du patron comme dans celui de l'ouvrier, et doit nécessairement porter sur deux points essentiels :

1° *L'assainissement des centres habités, par la création d'égouts collecteurs, et l'adduction d'eaux potables et d'arrosage ; la transformation des fosses d'aisance ordinairement mal construites en des fosses mieux fermées, de façon à ce qu'elles ne dégagent pas d'odeurs ;*

2° *Une surveillance des plus minutieuses sur la qualité des denrées ou liquides servant à l'alimentation des individus.*

La nature des travaux de nos industries réclame ces précautions hygiéniques, sans lesquelles la déperdition des forces excédera toujours la réparation.

De là s'ensuivrait inévitablement une altération notable de la santé publique, que l'on aurait le droit d'imputer à l'imprévoyance ou à la négligence de nos élus. Nous préférons croire qu'il n'en sera pas ainsi. A ces considérations générales, nous ajouterons pour mémoire la part de responsabilité qui incombe aux conseils municipaux dans la composition du Sénat, et passerons rapidement sur les diverses élections municipales, qui se sont faites dans les cinq communes du canton, parce qu'à notre avis elles ont été rarement empreintes de leur vrai caractère, et peu conformes aux principes démocratiques.

Le canton de Bességes, composé des communes de Bordezac, Castillon, Peyremale et Robiac, n'a pas un grand rayon, mais il est très-peuplé relativement à l'espace qu'il occupe, et peut se diviser, au point de vue des différences qui existent entre chaque commune, en deux catégories distinctes. Les unes sont purement industrielles, les autres s'adonnent à l'agriculture, comme Bordezac, par exemple, mais surtout Peyremale.

Nous ne croyons pas utile de faire pour chaque commune l'histoire de ses élections municipales, et préférons généraliser, en les appliquant aux communes de la même catégorie, les idées ou pratiques électorales le plus en faveur, celles au moins qui depuis mil huit cent soixante-onze ont eu, sans en rechercher tous les motifs, la sanction du suffrage universel.

Prenons d'abord les communes agricoles.

BORDEZAC ET PEYREMALE

Malgré notre désir de ne jeter qu'un coup d'œil d'ensemble sur les élections de ces deux communes, il nous paraît difficile de ne pas parler, au moins sommairement, de l'influence du régime politique sur l'agriculture et d'en résumer l'histoire.

« L'origine de l'agriculture se perd dans la nuit des temps. Les premiers peuples connus étaient pasteurs et nomades ; à mesure que les hommes se multiplièrent, des besoins plus nombreux se manifestèrent, et la nécessité d'y pourvoir les força à cultiver et à s'organiser en sociétés.

» On éleva des autels aux auteurs des principales découvertes utiles. Osiris, Cérès et Triptolème, Janus et Numa furent mis au rang des dieux, pour les grands services qu'ils avaient rendus à l'agriculture de leur pays. Les Egyptiens passent pour être les premiers qui honorèrent le plus cet art si utile. Ils le portèrent à un assez haut point de perfection, et leurs irrigations sur les bords du Nil, qu'ils habitaient, sont devenues célèbres. Ce fut de l'Egypte que les premières notions de l'agriculture furent apportées en Grèce, à l'époque de la fondation des anciennes colonies. Il paraît même que c'est à la suite des différentes colonies égyptiennes, fondées dans toutes les contrées alors connues, que l'agriculture a dû pénétrer en Afrique, en Asie, peut-être même en Chine. Par les Grecs et les Phéniciens elle se répandit en Italie et sur les côtes de la Gaule, dont les Romains, plus tard, devaient s'emparer, en y introduisant leur civilisation. Telle serait du moins sa marche, d'après les traditions historiques conservées et accréditées ; mais on doit admettre que des conditions analogues et des besoins semblables ont porté les hommes à cultiver le sol simultanément sur divers points du globe à la fois ; car Saturne, chef d'origine Atlante, avait enseigné de bonne heure l'agriculture dans les contrées de l'Occident, et, s'il faut en croire les historiens chinois, le blé était cultivé dans le céleste-empire dès l'année deux mil huit cent vingt-deux avant l'ère chrétienue.

» Les principaux auteurs qui ont traité de l'agriculture chez les Romains sont : Caton, Varron, Columelle, Virgile, Pline et Palladius ; ils entrent dans les plus grands détails sur toutes les parties de cet art. Du temps de Romulus, les Romains ne connaissaient pas encore le pain ; Numa leur apprit à cuire des grains et à les manger comme des gruaux. Mais l'agriculture, honorée, pratiquée par les premiers citoyens de Rome, dut bien vite parvenir à un état florissant. Les terres, chez les Romains, étaient labourées à l'aide d'une charrue, sorte d'araire traîné par des bœufs ; ils reçurent plus tard des Gaulois la charrue à roues. Les terres étaient semées une année, et l'année suivante, elles reposaient ou restaient en jachères. Les engrais étaient très-recherchés ; on y suppléait par l'enfouissement des plantes vertes. Les bestiaux parquaient en plein air, et les chaumes étaient brûlés sur place dans les champs.

» Les agriculteurs romains connaissaient plusieurs variétés de froment, l'orge, le millet, la fève, les haricots, les lentilles, toutes nos variétés de poids, la gesce, la vesce, l'ers, les lupins, les raves, les navets, les choux, qui, selon Columelle, étaient estimés du peuple et des rois.

» Vers les derniers temps de la République, une grande partie de la campagne romaine fut changée en potagers et en vergers. La pratique des prairies artificielles fut très en usage ; on semait dans ce but la luzerne, le seigle pour couper en vert, les dragées, mélange de pois, d'orge, de fèves, de lentilles ; aussitôt que le fruit était noué, la faucille coupait le fourrage, et la charrue traçait de nouveaux sillons. La vigne et l'olivier étaient la principale richesse des Romains ; les vins avaient de l'âpreté, mais l'huile d'olive était délicieuse et formait l'objet d'un commerce très-étendu.

» La vigne était disposée de quatre manières : les ceps étaient rampants ou liés à des échalas, mis en treilles ou mariés à l'ormeau, au peuplier, au frêne. Tel était l'état de l'agriculture chez le peuple romain au temps de sa plus grande prospérité, lorsqu'il regardait cet art comme la source de sa principale richesse, lorsqu'il fallait être propriétaire et cultivateur pour avoir le droit de défendre sa patrie.

» Ajoutons qu'ils avaient établi des foires et des marchés nombreux, que des chemins bien entretenus facilitaient le transport des denrées, et que la loi protégeait sévèrement la propriété rurale. Mais cette prospérité ne fut pas de longue durée : les discordes civiles et l'esprit de conquête furent les causes d'une décadence rapide. Le citoyen romain quitta la charrue pour le glaive ; l'administration des terres fut confiée à des esclaves ou bien affermée à des affranchis ; la propriété foncière fut accablée d'impôts, ruinée par l'usure, et la noble profession de cultivateur ne jouit bientôt plus d'aucune considération.

» L'or des peuples vaincus tint lieu des produits du sol et corrompit les mœurs, de sorte que, parvenu au faîte de la domination, le peuple romain, dégénéré et amolli, ne connut plus que deux besoins principaux, le pain et les spectacles, *panem et circenses*.... Sous les empereurs, le trésor s'épuisait en achats de grains, et malgré quelques louables efforts pour remettre l'agriculture en honneur, le sol italien, jadis si fécond, devint presque stérile. *Exemple mémorable qui devrait servir à jamais d'enseignement aux nations.*

» En parcourant la France, l'Angleterre et l'Allemagne, on retrouve partout les traces de l'agriculture romaine, qui s'y est conservée, malgré les nombreuses révolutions du temps de la décadence, et la chute de l'empire. Il est vrai qu'à l'époque de l'invasion des barbares l'agriculture fut généralement abandonnée. Ce ne fut que vers les XVe et XVIe siècles, qu'elle acquit de nouveau une certaine importance dans l'opinion des princes et des peuples. A partir de ce moment, le progrès agricole ne s'arrête plus ; il se propage chez tous les peuples européens ; la science moderne lui ouvre de nouvelles voies. Les sociétés d'agriculture, aujourd'hui, rivalisent de zèle sur toute l'Europe pour recueillir les bonnes pratiques des cultures, provoquer le perfectionnement des instruments aratoires, et les faire connaître par des concours.

» L'agriculture doit à la République française de mil huit cent quarante-huit, de posséder enfin un enseignement théorique et pratique complet à tous les degrés, au moyen des fermes-écoles et des écoles régionales. Elle avait également fondé un institut agronomique, qui a été supprimé en mil huit cent cinquante-deux. Espérons que dans un avenir très-prochain, la science de l'agriculture pénétrera dans toutes les écoles rurales, à l'aide de bons livres élémentaires et d'essais pratiques, sous la direction de l'instituteur, initié lui-même à l'étude de l'agriculture, comme en Bavière; que l'homme des champs ne sera plus ruiné par l'usure; que les produits du sol deviendront enfin la jûste récompense des peines du cultivateur, qui n'aura pas à payer de fermage exagéré au propriétaire; alors le problème de la vie à bon marché sera résolu, et l'agriculture, le premier des arts, cette science de première nécessité, répandra l'aisance et le bonheur sur toutes les populations, avec d'autant plus de facilité qu'aujourd'hui la zoologie, la mécanique, l'architecture et surtout la chimie rivalisent de zèle pour favoriser son développement (1). »

Nous avons déjà vu que la commune avait besoin, pour augmenter sa richesse productive, d'une liberté d'allure complète, c'est-à-dire d'un régime décentralisateur lui permettant d'accomplir les réformes librement réclamées dans son sein par le suffrage, autant que ces réformes ne

(1) A. Lagrue.

porteraient pas atteinte à l'harmonie qui doit régner entre les communes, et ne disloqueraient pas l'état politique. Or le seul gouvernement capable de maintenir l'harmonie entre toutes les communes, en donnant à chacune d'elles la liberté, c'est la République. Tout autre régime qui parlerait de liberté mentirait à son passé, à ses doctrines, et au corps électoral, qu'il tromperait indignement, pour servir les passions de telle ou telle caste.

Ces idées sont généralement goûtées à Bordezac et à Peyremale ; elles le seraient bien plus encore, si quelques personnalités ne semblaient s'être donné pour mission de faire revivre les haines religieuses, comme si nos montagnes n'étaient pas encore teintes du sang des innombrables victimes mourant sur un mot d'ordre de chefs ambitieux et fanatiques, comme s'il était possible aujourd'hui de pousser quelqu'un à de tels égorgements, et comme si le dix-neuvième siècle n'était pas un siècle de raison, où la vérité scientifique a pris la place des théories hypothétiques et erronées des inventeurs de systèmes d'autrefois ! ! Les faiseurs de fanatiques finiront par se courber devant le bon sens public. L'on commence déjà à être saturé de toutes ces exagérations de doctrines plus ou moins surnaturelles, et l'on préfère l'étude de ses propres intérêts, que de suivre des conseils moins immatériels et plus mondains qu'on ne le croit généralement dans les campagnes.

Mieux vaut songer à augmenter par de réels progrès agricoles le bien-être du cultivateur, que d'abandonner sans cesse son intelligence à des rêveries spirituelles au bout desquelles il y a toujours le vide, l'inconnu, mais jamais le pain nécessaire à la famille. Si les nombreux exemples du passé, et même ceux que nous observons de nos jours, ne justifiaient notre dire, nous ne verrions pas d'inconvénient, nous sommes des hommes de liberté avant tout, à faire l'expérience d'une contemplation mystique remplaçant le travail, la science et le progrès, et voir ce que la société gagnerait à telle épreuve; mais la question est suffisamment tranchée, pour que nous revenions sur ce sujet tout historique. L'application de ces doctrines métaphysiques à la société, a donné de si funestes résultats, que nous ne voyons pas, sans une crainte justifiée par l'expérience, une commune s'adonner à elles et les défendre.

Habitants de la campagne ! avant de vous

attacher à de tels principes, lisez l'histoire des peuples, connaissez au moins ceux auxquels vous vous associez, par ce qu'ils ont fait, et ce qu'ils se disposent à faire ; sachez enfin choisir votre opinion en toute liberté et en parfaite connaissance de cause !... Nous avons déjà acquis la certitude que la noblesse, le clergé et l'aristocratie financière, d'autres diraient peut-être usurière, n'avaient aucunement l'intention d'abandonner la plus petite parcelle de leurs priviléges du bon temps jadis qu'ils rêvent de reconquérir, et cela en se servant de l'arme elle-même qui les a renversés, le suffrage universel. Là serait le danger, si le sens politique naturel du citoyen des champs ne l'amenait à combattre dans les élections communales ces deux principes, dont il n'a pas encore perdu le souvenir, et qui lui rappellent des jours de misère, d'esclavage et de honte.

On a pu, en n'instruisant pas le paysan, lui enlever la lecture ; mais a-t-on pour cela effacé le passé, et la tradition n'a-t-elle pas suppléé, incomplétement il est vrai, au livre, mais assez encore pour ne pas oublier la dîme, et tous les priviléges vexatoires et immoraux de la noblesse et du clergé ? On aura beau ruser à l'avenir, promettre, mentir même, tout cela échouera contre le sentiment qu'a le *campagnard* de son utilité sociale; on pourra manœuvrer plus ou moins perfidement et assez adroitement pour fausser le caractère d'une consultation électorale, on n'enlèvera pas de l'esprit de la majorité des électeurs de ces deux communes, la conviction de leur valeur politique individuelle.

Depuis mil huit cent soixante-onze, les élections municipales ont été la représentation à peu près exacte des intérêts de ces deux agglomérations, mais elles n'ont pas eu tout le caractère politique qu'elles pouvaient avoir. Il est certain, cependant, que l'esprit de ces conseils municipaux est libéral, quoique par trop prudent et timide à l'excès...

Prenons garde! les ennemis du suffrage universel, toujours aux aguets, exploitent cette attitude peu correcte, qu'ils prennent pour de l'incertitude ou de la faiblesse, et en usent à leur profit. Il y aurait longtemps que les adversaires de nos libertés publiques seraient réduits à l'impuissance, si de tous les côtés les élections municipales avaient condamné le passé et ses doctrines, et définitivement conquis par leurs verdicts successifs, l'indépendance des individus et la liberté dans l'Etat. Ces deux communes auront raison, quand elles le voudront, des entreprises réactionnaires des défenseurs du passé tyrannique de notre histoire. Espérons que ce temps de revendication ne se fera pas attendre.

Les intérêts les plus directs de l'agriculture et son développement, dépendent entièrement de cet acte politique. Criminels seraient ceux qui, préférant leurs propres intérêts à la cause de tous, sacrifieraient cette dernière pour un bien-être éphémère ! et, alors qu'ils compromettraient pour toujours peut-être l'ordre et la prospérité de toute une nation, ne craindraient-ils pas que la société, atteinte jusque dans son propre honneur par leurs coupables machinations, ne demandât vengeance ? Non, on ne joue pas avec les choses sérieuses; et le suffrage universel est une de ces choses sérieuses, faite non pas pour assouvir les appétits d'un seul ou de quelques-uns, mais pour servir aux besoins de tous. Que ses détracteurs dans nos petites communes le sachent bien ! Cet instrument politique est au citoyen ce que la charrue est au cultivateur, les deux sont également indispensables aujourd'hui, parce qu'ils se complètent, qu'ils s'équilibrent; ils sont inséparables désormais et comme le principe, la source de toutes les améliorations sociales, de tous les progrès politiques.

Que l'on ne se méprenne pas sur le rôle des électeurs de Bordezac et de Peyremale dans leurs revendications locales ; le paysan va doucement, mais sûrement ; c'est ainsi que ces deux communes marchent à la conquête de la liberté. La voie qu'elles ont choisie est solide, car elle est basée sur les besoins naturels que l'on ne fait pas disparaître par caprice pour des nécessités électorales d'un moment...

La partie de la commune de Bordezac se rapprochant de Lalle possède bien une population ouvrière, dont nous n'avons pas parlé à cette place, au sujet du concours qu'elle apportait dans les élections municipales ; mais nous nous promettons de revenir sur ce point lorsque nous étudierons les communes purement industrielles.

CONSEIL MUNICIPAL DE BORDEZAC,

élu le 6 janvier 1878.

1. Nicolas (André), *maire*.
2. Bondurand (Casimir), *adjoint*.
3. Maurin (Etienne).
4. Baumès (Auguste).
5. Laval (Henri).
6. Mathieu (Auguste).
7. Dumazert (Régis).
8. Dumas (Auguste).
9. Combaco (Antoine).
10. Masson (Antoine).
11. Dumazert (Joseph)
12. Dumazert (Henri).

CONSEIL MUNICIPAL DE PEYREMALE,

élu le 6 janvier 1878.

1. Veyras (Frédéric).
2. Peyric (Hippolyte).
3. Chamboredon (Jean).
4. Polge (Basile).
5. Dugas (Casimir).
6. Vacher (Vérent).
7. Teyssier (Victor).
8. Hilaire (Alexandre), *adjoint*.
9. Bondurand (Alphonse).
10. Perrier (Ferdinand).
11. Jaussaud (Julien).
12. Bargeton (Paul).

ROBIAC ET CASTILLON

Il eût été préférable peut-être d'appeler ces deux localités *communes mixtes* que de les ranger dans la catégorie des pays industriels. Si la majorité en effet des électeurs appartient à l'industrie, une très-notable minorité vit des produits de l'agriculture, et ressemble beaucoup, par ses mœurs et ses vues, aux populations de Bordezac et de Peyremale.

Ce que nous avons dit pour ces deux dernières localités, pouvant s'appliquer en tous points à Robiac et Castillon, en ce qui a trait aux intérêts agricoles, nous nous attacherons seulement à montrer les antipathies matérielles résultant de la présence de ces deux éléments sociaux, agriculture et industrie, confondus sous une même autorité municipale. Comme cela arrive dans tous les pays ouvriers, ceux qui nous occupent ont fini par absorber à leur profit la gestion des affaires de la commune, qui leur a servi de centre d'exploitation, et cela à un tel point, que les intérêts agricoles très-considérables cependant de ces deux communes sont à peu près délaissés, pour ne pas dire sacrifiés. La majorité industrielle écrase et réduit ainsi à l'impuissance absolue la minorité des champs. C'est là une situation anormale et défectueuse qu'il importe au plus tôt de faire disparaître. Déjà une première tentative de séparation entre Robiac et Rochessadoule a été faite, et l'on a eu raison, de même qu'on aura raison d'ériger en deux communes distinctes Castillon et Ganières. Tout milite en faveur de la création de ces nouvelles municipalités. Au point de vue topographique seulement, nous trouvons des motifs sérieux.

La mairie de ces deux communes est située l'une à Ganières, l'autre à Rochessadoule, c'est-à-dire à leur extrémité, et à une distance de huit kilomètres environ de certains points importants par leur population et leur richesse agricole, tels que Revety, les Bois et la Luxerière. L'on comprendra aisément les inconvénients qui résultent d'un tel éloignement, si nous disons que les voies de communication sont rares, et celles qui existent tellement fréquentées et si mal entretenues qu'elles deviennent l'hiver impraticables, parfois même dangereuses. Ajoutons que la partie de Robiac proprement dite, comprenant le Buis, la Pertuiserie, les Bois et la Luxerière, n'est guère qu'une dépendance de Rochessadoule, cette dernière localité étant toujours en majorité au sein du conseil municipal. Il en est de même pour Revety, Castillon, les Combes, Foussignargues, tributaires seulement aujourd'hui de Ganières.

On sait ce que sont ces pays ouvriers nouvellement fondés : tout y est à faire, écoles, mairie, places, église ou temple, chemins, etc., et comme les besoins sont pressants, ces centres industriels se développant ordinairement avec une rapidité surprenante, que, d'un autre côté, les revenus sont le plus souvent à créer, on emprunte, et l'on repartit naturellement entre tous les contribuables les nouvelles charges, les nouvelles obligations ; mais les premiers atteints sont ceux qui ne profitent pas, les trois quarts du temps des innovations introduites dans la commune. Éloignés de plusieurs kilomètres de ces populations ouvrières, les agriculteurs subissent une augmentation d'impôts, sans que pour cela leur propriété ait acquis plus de valeur. Et pendant que les pays industriels procèdent à leur organisation, qu'ils prospèrent, les routes, les chemins, les écoles de la banlieue rurale, à peine représentée au sein de l'assemblée communale, sont abandonnés ; la production agricole diminue insensiblement, faute de protection et d'encouragement, et le travailleur des champs, croyant trouver plus d'aisance et moins de travail à l'usine, quitte la charrue qui féconde, pour aller à la recherche d'une position sociale, dont le plus grand nombre ne tarde pas à se plaindre.

L'affluence des bras dans ces cités du travail a été telle depuis quelques années, que son premier effet s'est traduit par un abaissement considérable du prix de la main-d'œuvre et une cherté extraordinaire de tous les produits de consommation ; à ce point que les travaux de l'industrie produisent moins aujourd'hui que ceux des champs, tout en nécessitant une déperdition de forces infiniment plus grande.

Cet abandon de l'agriculture, momentané il faut l'espérer, dans les communes voisines de notre canton, dans celles aussi qui nous occupent en ce moment, tient à deux causes. La première est générale, et dérive surtout de l'absence presque complète de la récolte des cocons, qui procurait à nos sériciculteurs des Cévennes l'aisance et même la richesse : l'autre, toute locale, se déduit de l'infériorité numérique des électeurs des localités purement agricoles, et de la difficulté pour eux de défendre efficacement leurs intérêts au sein d'un conseil peu au courant des besoins de l'agriculture, et dont la généralité des membres parle un langage exclusivement mécanique ou minier, et ne sort pas de cette sphère.

Nous pourrions continuer ce parallèle, et montrer par d'autres exemples combien les mœurs, les habitudes et les besoins de la commune agricole diffèrent de ceux des pays ouvriers, si nous ne pensions que la question est suffisamment comprise et déjà jugée. Ce serait en vain que l'on objecterait l'insuffisance de la population, et des revenus des deux nouvelles communes, pour ne pas donner suite à l'idée que nous émettons, attendu que Peyremale et Bordezac vivent parfaitement avec des revenus et une population inférieurs à ceux qu'auraient

Rochessadoule et Ganières. Une foule d'inconvénients s'opposent au maintien de ces deux localités dans leur état municipal actuel ; nous ne connaissons pas un argument fondé contre leur séparation. Aux électeurs intéressés maintenant de revendiquer leurs droits ; pour nous, notre tâche de ce côté est terminée.

Il nous reste à connaître la nature des intérêts communaux dans les pays ouvriers, comment ces intérêts ont été jusqu'ici envisagés, et de quelle manière ils sont représentés au sein du conseil municipal. C'est ce que nous nous proposons d'examiner à Bességes, qui offre un exemple assez complet de la question.

CONSEIL MUNICIPAL DE ROBIAC

Élu le 6 janvier 1878

1. Bardon (Gustave), ingénieur, *maire*.
2. Boisson (Alfred).
3. Bouziges (Maurice).
4. Brossard (Pierre).
5. Castanier (Jean).
6. Crespon (Charles).
7. Dalverny (Achille), *adjoint*.
8. Dardaillon (Auguste).
9. Dardaillon (Cyprien).
10. Delenne (Paul).
11. Doubland (Jean-Baptiste).
12. Duclaux (Célestin), *adjoint*.
13. Galdin (Jules).
14. Mathieu (Martin).
15. Richard (Auguste).
16. Roussellier (Gustave)
17. Roux (Jules).
18. Sugier (Auguste de).
19. Sugier (François).
20. Villeneuve (Alphonse).
21. Vernet (Jules).
22. Vincent (Frédéric).
23. Tastevin (Prosper).

CONSEIL MUNICIPAL DE CASTILLON

Élu le 6 janvier 1878

1. NAGEL (Gustave), ingénieur, *maire*.
2. GINOUX (Auguste), *adjoint*.
3. HÉBRARD (Amédée).
4. DESCHANEL (Louis).
5. THOMAS (Damien).
6. VERGER (François).
7. DUMAS (Ferdinand).
8. ASTIER (Julien).
9. PERRIER (Gratien).
10. PONTET (Armand).
11. VEDEL (André).
12. DUGAS (Jean).
13. DUMAS (César).
14. MICHEL (Vincent).
15. DOMERGUE (Etienne).
16. DUCLAUX.

BESSÉGES

Nous nous trouvons, dans cette commune, en présence d'une majorité démocratique réelle, qui s'est affirmée depuis dix ans dans toutes les élections législatives. C'est là assurément un progrès fait dans la voie des revendications de nos libertés publiques; mais ce progrès serait incomplet, insuffisant, si on ne l'étendait sur tous les rouages électifs, qui constituent dans leur ensemble le vrai pouvoir.

Le suffrage universel a été institué pour donner aux majorités la faculté d'exprimer leurs besoins généraux ou particuliers, de la commune, ou de l'Etat. Dès que l'on perd de vue cette prérogative, dès que pour des motifs futiles de relations sociales, l'électeur répond *oui* ou *non*, selon l'inspiration d'X... ou d'Y..., parce que ces Messieurs possèdent une influence considérable dans la commune, dès que l'on fait d'un vote une question de camaraderie, ou d'intérêts de quelques particuliers au détriment du nombre, on sort des règles du suffrage, l'on se sépare de la pensée qui l'a dicté, et l'on fausse ses arrêts.

Le suffrage universel doit donc donner, dans toutes les occasions, la représentation exacte des vues, des besoins et des intérêts de la majorité. A cette condition seulement, il est un instrument politique d'apaisement et de progrès pacifique. Mais, s'il devient l'arme docile d'une minorité, il n'y a ni progrès, ni apaisement, ni solution possibles ; ses décisions sans cesse frappées d'appel n'ayant aucune valeur, et d'autre résultat que de laisser la porte plus grande ouverte encore aux tiraillements sociaux, et aux discussions stériles et sans fin des partis. Or il importe avant tout que ses verdicts soient respectés, et pour cela qu'ils représentent les interêts des majorités.

Quels sont ces intérêts à Bességes ? Ils sont de trois sortes :

1° Les intérêts matériels ;

2° Les intérêts intellectuels ou moraux ;

3° Les intérêts politiques.

Examinons-les rapidement.

Il n'est pas nécessaire de franchir les portes du conseil municipal pour voir que les deux tiers des revenus proviennent d'impôts prélevés sur les objets de consommation usuelle ; et comme c'est le nombre qui consomme le plus, il s'ensuit que la majorité démocratique verse le plus dans les caisses de la commune et de l'état. En serait-il ainsi si cette majorité établissait le budget ? Assurément, elle ne pourrait se soustraire aux charges de la commune, sans perdre une partie de ses droits, ce qu'elle ne ferait pas ; mais elle répartirait proportionnellement à la position sociale des citoyens, et de telle façon que tout le monde soit atteint, chacun selon ses moyens. Faire contribuer telle ou telle classe de la société pour en favoriser d'autres, ne signifie ni liberté, ni égalité ! Voilà un premier résultat purement matériel défavorable à la majorité ! ! En admettant même que ce genre de revenu sur la consommation soit le seul possible, le seul pratique, ce que nous ne pouvons croire, nous demanderons encore si l'emploi des sommes perçues se fait en vue des besoins de la majorité, et les satisfait. Nous répondons, non !

Le plus urgent de tous les besoins, celui qui dès le principe aurait dû être l'objet principal de la sollicitude de nos édiles, c'était la création d'écoles communales sérieuses, telles que nous les avons sommairement décrites plus haut, et laïques. Par l'instruction on aurait vu les classes inférieures s'élever, les mœurs s'adoucir, les aspirations diverses et quelquefois contraires s'unifier, la séparation des castes disparaître, les rapports de citoyens à citoyens rendus plus faciles, c'était une transformation complète de la société, c'était aussi, si l'on veut, une révolution, mais une révolution heureuse et bienfaisante. Seuls peut-être les ennemis de l'égalité, les partisans du maintien des privilèges, auraient été peu contents de ce progrès, qui préparait l'émancipation de la démocratie, avec laquelle il aurait désormais fallu compter, mais leur dépit eût été chose insignifiante et un motif de plus pour opérer la réforme. Car ces gens-là existent encore de nos jours, et ne se gênent pas pour déclarer hautement que l'instruction est nuisible à la classe ouvrière.

— Voulez-vous faire, disent-ils, d'un manœuvre un avocat ? Et pourquoi pas, si ce manœuvre est assez intelligent ! Serait-ce d'ailleurs le premier exemple ? et dans les rangs de ceux qui soutiennent de pareilles doctrines, ne compte-t-on pas en grande majorité des parvenus, sortis des couches les plus inférieures de la société ? Ceux-là sont les pires ennemis de la démocratie, à laquelle ils assigneraient volontiers, s'ils le pouvaient, le rôle d'une machine inconsciente produisant sans discuter, si le corps électoral n'y prenait garde. Supposera-t-on que la majorité aurait rendu des arrêts dissemblables, et en opposition avec ses besoins, si ses membres eussent été plus instruits ? Serait-on, par exemple, parvenu à faire entendre à quelqu'un que les élections municipales ne comportaient aucune question politique, si tout le monde avait connu par l'histoire, les incessantes entraves qu'opposaient la noblesse, le clergé et la nouvelle aristocratie financière, à l'entrée de la démocratie dans l'action gouvernementale ? Et n'aurait-on pas compris que la lutte continuait toujours dans chaque consultation électorale, plus acharnée peut-être que jamais, puisque, d'un côté, se trouvent aujourd'hui réunis sous le même drapeau, et dans leur haine commune contre la République, tous les partis du passé.

Donc diminuer les charges de la démocratie

et l'instruire, tel est le but à atteindre. Une fois ces deux conquêtes faites, et confiées à la garde de ses défenseurs naturels dans toutes les assemblées délibérantes, la démocratie ne trouvera plus d'obstacles sur le chemin de son émancipation, et ne tardera pas à être maîtresse absolue de ses destinées....

Depuis mil huit cent soixante-onze, le parti républicain poursuit cette tâche avec la même persévérance, malgré ses défaites répétées, et des déboires de toute nature, parce qu'il est assuré du succès dans un avenir prochain. Les élections municipales d'avril, se faisant le lendemain de nos désastres, alors que l'ennemi foulait encore le sol de la patrie, devaient inspirer cependant à tous de sérieuses et salutaires pensées. C'était le moment le plus propice peut-être d'oublier, en partie au moins, le passé, d'effacer beaucoup de responsabilités, et de fonder l'alliance de la bourgeoisie et de la démocratie, pour mettre fin à nos dissensions de clocher et n'avoir qu'un but, le relèvement national sous le drapeau de la République.

Cet appel à l'union, à la concorde de tous les patriotes fut fait, et il partit du camp républicain, comme si les défenseurs de la trilogie chère au peuple n'avaient jamais eu à souffrir du traitement de leurs adversaires. Une telle abnégation était un acte de bonne politique, mais surtout de patriotisme, car il n'y avait dans ce pacte, tout tacite, aucun compromis blessant, aucun engagement, et pas la moindre humiliation. Aussi nous expliquons-nous difficilement, même aujourd'hui, le motif du refus formel transcrit dans un factum aussi mémorable que malheureux, et que nous ne croyons pas utile de rappeler à cette place.

Le comité républicain regretta profondément cette attitude, qui ouvrait l'ère de nouvelles hostilités et la perspective d'une opposition semblable à celle des dernières années de l'Empire...

Quelle différence entre le quatre septembre mil huit cent soixante-dix et les élections municipales d'avril mil huit cent soixante-onze ! ! Les hommes et les choses avaient subi une transformation extraordinaire. Les réactionnaires timides, les représentants eux-mêmes, encouragés par le vote du huit février, étaient devenus frondeurs à l'égard de ceux auxquels ils demandaient protection quelques jours avant. Les protégés devenant les protecteurs, nous devrions dire les *commandeurs*, tel fut le mouvement de bascule politique qui s'accomplit alors. C'était écœurant !!!

Ah ! si le parti républicain avait seulement fait le rapprochement de ces deux dates, quatre septembre mil huit cent soixante-dix et avril mil huit cent soixante-onze, et de ces deux situations, s'il s'était souvenu de ses souffrances, s'il n'avait pas oublié les listes de proscription soigneusement dressées, sur lesquelles figuraient les plus ardents et les plus méritants de ses défenseurs, il eût impitoyablement ratifié les décisions de son comité, sans écouter la voix de quelques dirigeants, parce que dans la liste républicaine était la vérité politique et locale.

Les principaux représentants de nos deux compagnies ne conservaient-ils pas, comme par le passé, la majorité au sein du conseil? Pourquoi alors cette obstination à écarter de l'assemblée communale le parti républicain ? Les réponses seraient nombreuses, ainsi que les pourquoi sur ce chapitre ; mais nous préférons éviter un sujet qui nous conduirait forcément à des personnalités, ce que nous voulons éviter avant tout.

Le vingt-deux novembre mil huit cent soixante-quatorze trouva les mêmes adversaires en présence. C'était à peine si nos bons réactionnaires avaient pu se remettre de la peur que leur avaient causée les élections du quatre octobre précédent. Leur ardeur redoublant, ce n'était guère la peine ; cependant, ils firent la lutte si vive qu'elle en devint amusante et quelque peu ridicule... Les *indispensables* voyaient partout des fantômes sociaux ; c'en était fait de Bességes, de son industrie, tout était perdu, si la liste libérale était élue ! On maugréait beaucoup contre le parti républicain, parce que celui-ci s'était dispensé de porter sur sa liste les représentants des compagnies ; mais on oubliait, ou l'on feignait d'oublier, que ces derniers, trois années avant, avaient repoussé toute conciliation.

L'on accusait aussi le parti démocratique d'ingérer la politique dans toutes les questions électorales, et de dévoyer de la sorte l'opinion. Pouvait-on, en ce moment surtout, ne pas donner à cette élection municipale un caractère politique, alors que dans la commission des lois constitutionnelles, à la Chambre des députés, l'on parlait ouvertement de la nécessité d'un troisième pouvoir, jouant le rôle de pondérateur, que l'on se proposait de faire élire par un choix d'électeurs? Ne disait-on pas que les corps élus seraient probablement appelés à nommer les membres de la Chambre haute? Il y avait bien aussi, nous ne l'ignorons pas, d'autres projets sur ce mode de votation, mais celui que nous venons de citer avait le plus de crédit, et pouvait être adopté. Il fallait donc prévoir le cas où le conseil municipal serait appelé à voter pour les candidats au Sénat, et deviendrait un corps politique. C'est la pensée qui conduisit le parti républicain alors.

Nous constatons aujourd'hui qu'il avait une fois de plus raison, et que ses adversaires n'étaient pas plus que par le passé dans la vérité politique. On s'en aperçut bien le seize janvier mil huit cent soixante-quinze! Que de fois, pendant les quelques jours qui précédèrent la nomination du délégué sénatorial, nous avons entendu des membres de la majorité démocratique, qui jusque-là n'avaient pas voulu voir une élection municipale sous un jour politique, regretter leur erreur, et d'autant plus amèrement, que de cette élection dépendaient l'avenir du pays et le salut de la République. La démocratie aurait dû profiter de cette périlleuse leçon et se prémunir contre de nouveaux dangers dans le choix de ses conseillers municipaux.

C'est bien un peu avec de semblables dispositions que la courte période électorale s'ouvrit en janvier mil huit cent soixante-dix-huit; chacun comprenait toute l'importance de la lutte, mais les considérations personnelles et les influences locales eurent encore cette fois raison des principes, et si le chiffre des voix obtenues par la liste républicaine fut double le six janvier du résultat du vingt-deux novembre mil huit cent soixante-quatorze, c'est à une combinaison de la dernière heure qu'il faut en attribuer en partie la cause, ainsi qu'à un courant d'opinion favorable à la cause républicaine, qui trouve tous les jours de plus nombreux et de plus ardents défenseurs. On sentait cependant dans un certain milieu la nécessité de ne plus résister ouvertement au moins aux revendications du parti républicain, et l'on n'était pas loin de pactiser avec les *énergumènes* de la veille.

Quelques personnalités influentes songèrent donc à la réconciliation. Mais sur quelles bases?

Nous avons été témoins des négociations engagées dans ce but, et pouvons dire aujourd'hui avec calme ce que ces négociations avaient de sérieux. Nous constatons que les premières avances vinrent de ceux mêmes, qui, en mil huit cent soixante-onze, repoussaient toute idée d'entente politique; mais cette démarche ne pouvait être bonne ; elle n'avait de chances d'aboutir qu'à la condition de ne contenir en elle aucune pensée de tutelle politique ou électorale.

Or c'est là précisément ce qui résultait des pourparlers et des préliminaires de la tentative nouvelle d'alliance de la bourgoisie et de la démocratie dans cette commune, et cela au moment le plus solennel peut-être, où la bonne foi, le recueillement étaient indispensables, parce qu'en décembre mil huit cent soixante-dix-huit allaient encore, sur le verdict politique des conseils des communes, se jouer les destinées de la France.

Que proposait-on, en effet? pourquoi ne pas dire : Qu'offrait-on au parti républicain ? Cinq sièges, dont les titulaires étaient désignés à l'avance par des adversaires de la veille! On appelait cela faire de la conciliation !!

C'était étrange, ou plutôt c'étaient toujours les mêmes procédés que l'on remettait en usage, sous des formes différentes, pour arriver aux mêmes résultats.

Certains républicains, leur nombre était petit, étaient d'avis d'accepter ces propositions, espérant préparer le conseil à de nouvelles concessions, en changer même la physionomie politique. Prenons encore cette hypothèse, et voyons quels auraient été les effets de son adoption comme règle de conduite du parti républicain.

D'abord rien ne démontrait que cette concession ne fût pas un piège ; ensuite les cinq nouveaux élus, par leur présence au sein de l'assemblée communale, pouvaient-ils transformer les dispositions de la majorité de ses membres, en les réunissant sur le même terrain politique ?

Au point de vue local, seraient-ils parvenu à effacer les rivalités qui se reflètent jusque dans le conseil municipal, et leur auraient-ils substitué pleinement le seul désir de travailler, sans aucune pensée de prépondérance, à l'étude exclusive des besoins de la commune ? Il suffit de poser la question pour la résoudre. A cette tutelle, qu'elle se donnait volontairement, la démocratie perdait sans avantages sa liberté d'action ; elle engageait sans aucun droit l'avenir, et majorité elle se soumettait comme une minorité. C'était là le premier pas de l'obéissance électorale, telle qu'on la voit malheureusement encore dans d'autres localités, où quelques-uns commandent, et où la majorité n'a d'autres droits que de payer et d'obéir.

C'est là aussi ce que nous combattrons de toute l'énergie de nos forces, montrant toujours les dangers que court *la cause de tous* quand nous la saurons menacée. On le voit, les intérêts politiques de la majorité n'étaient nullement sauvegardés par cette combinaison, qui, de la façon dont elle a été présentée, n'était, à notre avis, qu'un trompe-l'œil.

Il n'y a rien de plus en opposition d'ailleurs avec le principe de liberté du suffrage que ce rôle de dispensateurs de faveurs électorales, dont certains s'emparent de tout temps, comme s'ils avaient la mission de protéger le corps électoral contre *de regrettables égarements ;* et ils appellent regrettables égarements, ne pas partager leurs vues, se soustraire à leur direction politique.

On conviendra que de tels égarements, loin d'être regrettables, ne sont que justes, et souvent nécessaires dans l'intérêt de tous.

Comment pouvait-on accepter une telle transaction, alors que rien ne liait les contractants ? Etait-ce un pacte solidement établi, que celui-là ? Qu'on nous en montre les clauses publiques ! Qu'on nous dise sur quelles bases la conciliation avait eu lieu, et en vertu de quels principes, car nous ne reconnaissons rien en dehors d'eux !

Tous ces éléments politiques espéraient-ils trouver l'union dans leur division et leur antagonisme ?

Ce qui démontrait absolument la fragilité de cette entente et son peu de durée, c'était l'absence la plus complète de profession de foi, et le droit, par conséquent, que conservait chaque conseiller, de donner suite à ses vues sur toutes les questions politiques ou locales, sans compromettre, ni enfreindre des projets ou doctrines consignées dans aucun engagement.

Le point de départ de cette alliance bâtarde, sous des dehors de pacification, n'était que la continuation des hostilités entre les partis, avec cette différence qu'on transportait la lutte au sein même du conseil municipal, et que l'on y introduisait un nouvel élément, qui, par son infériorité numérique, était destiné à l'inaction. Nous ne voyons pas ce que les affaires de la commune.

et celles de la majorité démocratique auraient gagné à tout cela.

L'expérience démontrera bientôt la nécessité de rompre avec toutes ces demi-mesures sans effet, pour rentrer dans la vraie voie du suffrage librement exprimé, abstraction faite des caprices honorifiques de quelques personnalités opulentes incontestablement, mais assurément peu démocratiques.

Ce jour-là, il n'est pas loin de nous, espérons-le, l'électeur comprendra enfin dans les pays ouvriers de notre canton, comme on le comprend dans la majorité des communes de la France, que les élections municipales sont avant tout des élections politiques, puisque, comme tous les corps élus, le conseil de la commune ne doit être que la représentation des besoins de la majorité, et non pas l'apanage de quelques dirigeants égoïstes.

En cela cependant cette majorité n'agirait pas en vue de ses intérêts, si elle devenait exclusive, et si de parti-pris elle repoussait de ses rangs les nouvelles recrues sincères, qui lui offrent leur dévouement; mais elle a besoin d'être très-circonspecte, et de n'accorder sa confiance qu'à ceux qui par des actes ont prouvé publiquement et ouvertement leur attachement à la cause républicaine, et le désir qu'ils ont de la défendre.

Les déclarations verbales adroitement faites en petit comité seront toujours insuffisantes, parce qu'elles n'engagent pas assez ; elles s'oublient vite, et servent trop bien l'ambition de certains hommes. Des actes et toujours des actes : telle doit être la garantie exigée.

CONSEIL MUNICIPAL DE BESSÉGES

Élu le 6 janvier 1878

Liste recommandée par la compagnie des forges de Bességes et par la compagnie houillière de Bességes (!!!....)

1. AUZEPY (Joseph), contre-maître de Cie houillière.
2. BARGETON (Jn-Bte), propriétaire.
3. BASTARD (Félix), propriétaire.
4. BENOIT (Léon), chef-comptable de la Cie houil.
5. CASTANIER (Joseph), propriétaire.
6. COSTIER (Henri), notaire.
7. DELEUZE (Jules), géomètre des mines de Lalle.
8. DELFAU (Prosper), docteur en médecine.
9. DUPRÉ (Frédéric), notaire.
10. GINOUX (Théodore), boucher.
11. JOUGUET (Félix), dir. des usines de Bességes. (*Maire*).
12. JOYEUSE (Lucien), contre-maître, puddleur.
13. Larouzière (Charles de), sous-directeur de la Cie houillière.
14. LASCOMBE (Alfred), pharmacien.
15. LAUSSOT (Joseph), maître mineur.
16. MARSAUT (Jn-Bte), ingénieur.
17. MERCIER (Jacques-Urbain), maître mineur.
18. MEUSNIER (Charles), ingénieur (*Adjoint*).
19. MURGUE (Daniel), ingénieur.
20. NICOLAS (Cyprien), propriétaire (*Adjoint*).
21. PALADAN (Joseph), contre-maître.
22. PELLET (Eugène), chef du bureau des études.
23. PONTET (Ferdinand), maître mineur.
24. RICHE (Jean), contre-maître.
25. TRIMOLLET (Pierre-Léonard), géomètre.
26. VACHEY (Pierre-Marie), chef-comptable.
27. VIDAL (Emmanuel), docteur en médecine.

IV

CONCLUSIONS

Si nous examinons dans leur ensemble les consultations électorales que nous venons d'étudier en détail, il nous restera la certitude des tendances du canton vers la République. Les différences en apparence inexplicables de divers scrutins ne sont que le résultat d'une situation sociale particulière au canton de Bességes, et tiennent à des erreurs que le temps efface insensiblement tous les jours.

Ainsi dans la campagne on montrait la République, il y a à peine quelques années, comme un régime où le brigandage et le pillage étaient inévitables ; le respect de la propriété foulé aux pieds, et remplacé par le partage ; les religions déclarées nuisibles à la société, leurs ministres pourchassés, martyrisés et obligés de demander l'hospitalité que leur refusait la patrie à une terre étrangère ; les honnêtes gens livrés à la merci de sanguinaires insatiables, et autres insanités semblables. Les crédules ne pouvaient guère évidemment aimer un tel régime tout de sang, de désordre et de despotisme ; aussi s'en déclaraient-ils les ennemis acharnés. Mais, dès que l'expérience eut démontré la fausseté de ces assertions, l'on s'éloigna peu à peu des amis de la veille, et l'on tendit la main à ceux que l'on appelait naguère des ennemis, reconnaissant en eux, au lieu des défauts que des intéressés proclamaient avec tant d'ostentation et si injustement, les meilleures dispositions à porter très-haut le respect de la propriété loyalement et légalement acquise, la liberté entière de conscience pour tous, laissant, comme par le passé, aux tribunaux le soin de purger la société des honnêtes gens, des bandits et des filous.

Le bon sens du paysan a raison tous les jours des exagérations des doctrinaires de caste ou de culte, et désormais l'on peut prévoir le moment où, dans nos communes agricoles, le fanatisme, — c'est la dernière forteresse à renverser pour rendre au cultivateur son libre arbitre, — ne trouvera plus de proie même dans la campagne. Ce jour marquera une ère nouvelle. Chacun, dégagé de l'influence des préjugés, ne comptera plus sur l'intervention protectrice des *esprits* dans ses affaires, mais sur son initiative et son travail propres, seules sources de production et de bien-être.

Ainsi élevée, sait-on ce qu'une tellc génération demanderait comme une nécessité ? L'*Instruction et la Liberté !* L'instruction ! parce que sans elle il n'est pas de production, ni de progrès profitables à une nation. La liberté ! parce que l'initiative individuelle ne serait plus qu'un vain mot, si elle était réglée ou soumise aux caprices d'un homme, ou d'une classe quelconque de la société, et encore moins d'une secte religieuse quelle qu'elle soit. Entre ces diverses dominations, il n'y a pas à choisir : il faut les repousser toutes indistinctement, parce qu'elles sont funestes au principe même du suffrage, et ne reconnaître désormais d'autre autorité que celle de la majorité personnifiée dans ses représentants légitimes.

Une autre cause non moins importante s'oppose encore au développement des idées libérales dans le canton, et tient à ce que l'on n'a pas assez séparé ces deux choses, sans analogie cependant, *usine* et *scrutin*. L'ouvrier a assurément des devoirs envers ses chefs, qu'il ne nous appartient pas d'apprécier ici, et que nous sommes loin de contester ; mais en dehors de l'usine, du chantier, et surtout devant l'urne, il n'y a plus de supérieurs ni de subordonnés : la loi donne à chaque citoyen le même titre. Ce serait porter atteinte aux droits de chacun, et violer la loi, que d'envisager autrement les rapports d'individus à individus, en tant qu'électeurs.

On peut d'ailleurs voir la question de deux manières, selon que l'on est partisan du suffrage universel, ou qu'on lui est opposé. Dans le premier cas, on reconnaîtra à l'électeur un caractère politique, et de justice suprême, que l'on ne saurait trop rehausser et respecter. Dans le second cas, au contraire, l'instrument légal du nombre servira de levier à l'ambition ou aux projets de ceux qui, en attendant de le faire disparaître, l'émoussent pour favoriser l'éclosion et le développement d'idées qu'il serait imprudent de présenter ouvertement au corps électoral. Il est incontestable que ces dispositions, favorables ou défavorables au suffrage universel, se produiront avec d'autant plus d'effet qu'elles partiront de haut ; elles seront dans tous les cas soumises, dans leur application, au contrôle du nombre, qui pourra à son gré les adopter ou les rejeter; de sorte que, même en supposant le pire, c'est-à-dire un commencement de confiscation des droits de tous pour un seul, ce qui n'est plus possible aujourd'hui, l'électeur éclairé s'arrêtera à temps et écartera le danger.

Mais, pour éviter cette résistance, il faut se garder avant tout d'accorder à tel ou tel, à une classe quelconque de la société, une influence dominante, et si cette influence existe, ne rien négliger pour la détruire, parce qu'elle est au moins une entrave, si elle n'est pas nuisible au libre exercice de la volonté des majorités. Il y aura influence électorale directe, si l'on conserve en politique la hiérarchie, nécessaire à l'usine nous en convenons, mais illégale devant l'urne. Si le patron veut intervenir, dans une période électorale, comme patron, et si l'ouvrier, acceptant, par crainte de perdre son emploi, cette nouvelle direction, s'inspire ou plutôt obéit comme à l'atelier au chef qui lui commande, le verdict rendu par le corps électoral ne sera évidemment pas l'expression des sentiments et des besoins de la majorité. Et cela se conçoit. L'influence du patron dans des pays comme les nôtres est tellement considérable, que, sur un signe, il peut faire tourner la girouette politique dans telle direction qui lui plaira. Eh bien ! c'est ce qu'il faut empêcher à tout prix, au nom même de la liberté et de la dignité des électeurs.

Loin de nous la pensée, en écrivant ces lignes, de prêcher la guerre entre le patron et l'ouvrier ; nous désirons, au contraire, les voir unis, et serions heureux de compter à l'avenir de nombreux imitateurs de la conduite politique de M. Alfred Silhol ; mais, en attendant des actes de cette nature, nous ne négligerons rien pour éclairer les défenseurs des libertés publiques, sur les dangers qui peuvent compromettre l'avenir de la cause républicaine au bénéfice du pouvoir absolu. Et l'on arriverait à l'obéissance électorale la plus complète si l'on suivait les perfides conseils de certains électeurs sans connaissance de leurs prérogatives, aux sentiments vils et méprisables, qui se donnent la dégoûtante mission, dans chaque élection, de surveiller et d'intimider, s'ils le peuvent, de paisibles citoyens dans l'exercice de leurs droits.

Nous ne pouvons croire que cette tourbe d'incapables, qui passent leur existence à plat ventre, adorant tour à tour le blanc, le rouge, ou le bleu, chantant, selon les cas ou les évènements, toutes les gloires, toutes les infamies de tous les partis, pourvu qu'après ce très-moral travail on les repaisse assez, reçoivent des ordres de quelqu'un de sérieux. Ces parasites de la société ont des tons de commandement, suivis quelquefois de menaces, absolument comme s'ils parlaient au nom de réelles autorités locales. Il importe, dans l'intérêt des personnalités engagées dans une telle équivoque, de la faire cesser et d'enjoindre à ces êtres inqualifiables de mettre un terme au plus tôt à leur ignoble besogne. Sans cela il sera permis à l'opinion publique d'avoir des doutes, et de se mettre en garde contre des agissements inconcevables et inexpliqués.

Si l'on dit à l'ouvrier : il faut voter ainsi, ou voir ton travail supprimé, on lui pose tout de suite la question essentielle de sa vie matérielle et de celle de sa famille, et on lui ouvre des horizons de misère tellement effrayants, qu'il n'hésite pas à sacrifier ses opinions politiques, pour continuer à donner du pain à ses enfants. Mais cela est un crime de lèse-suffrage, que l'on ne flétrit pas suffisamment en le désignant sous les noms de corruption et d'intimidation électorale ; et cela se pratique, dans le milieu de gens que nous venons de citer, comme une chose toute naturelle. Ceux qui sont à la tête de nos compagnies industrielles doivent ignorer ces abus de pouvoir et ces illégalités, sans quoi nous sommes persuadé que tout cela aurait pris fin depuis longtemps.

Mais nous nous oublions en nous faisant l'écho de ces scandales, et en les dénonçant à des chefs d'usine surtout ! C'est de la police correctionnelle que ces faits relèvent, et de l'opinion publique, dont le jugement sans appel, doit marquer d'un signe de réprobation ineffaçable ces fraudeurs éhontés des convictions publiques, les déclarant désormais indignes de leurs prérogatives de citoyens électeurs.

Plus qu'aucun autre, l'ouvrier doit conserver sa liberté électorale complète. C'est par ce carré de papier, en effet, que l'on nomme bulletin, qu'il peut accomplir toutes les réformes nécessaires à ses besoins présents, comme celles qui lui prépareront son avenir. Sans liberté devant l'urne, il ne sera plus que le docile serviteur politique et social de tel ou tel despote ; sa vie, rivée à celle du maître qu'il se sera donné, devra être en tous points semblable à la vie du maître quand celui-ci le désirera ; ses goûts, ses doctrines, ses aspirations refléteront exactement encore ceux du maître, et sans s'en douter il aura volontairement inauguré à son désavantage un régime semblable au pouvoir féodal, sous un autre aspect, nous n'en disconvenons nullement, mais autant contraire à ses intérêts.

Lorsque l'électeur est suffisamment éclairé sur la question posée, et que sa conscience lui a dicté son devoir, il y a de sa part lâcheté à changer une résolution motivée, sagement et librement prise, pour épouser une cause très-souvent inconnue. Vote-t-on donc pour plaire à quelqu'un, ou bien exerce-t-on, en déposant son bulletin dans l'urne, un droit parfaitement défini et qu'il n'appartient à personne de diminuer ni d'augmenter ? Et s'il doit y avoir des chefs électeurs, qu'on ose donc le dire ? Pourquoi donc se cachent-ils, s'il en est, et ne se flattent-ils pas ouvertement, comme en petit comité, qu'ils disposent à leur gré de la majorité ? Ah ! c'est qu'il y a à cela deux sérieuses entraves : d'abord il est légalement interdit, sous des peines correctionnelles, de commander au suffrage universel ; ensuite le corps électoral ne serait probablement que très-peu satisfait et flatté de voir qu'on le traite ainsi ; dans l'un comme dans l'autre cas un tel aveu est donc impossible. Et nous n'en avons d'ailleurs nul besoin............

....

En défendant la cause du suffrage universel, nous avons voulu avant tout faire pénétrer dans toutes les classes, la notion de la valeur d'une institution politique fournissant à chacun le moyen d'exprimer ses besoins en toute liberté, sans pour cela que les intérêts généraux puissent en dépendre en aucun cas. Nous tenions également à montrer que le progrès agricole, industriel, commercial, politique et social, ne trouvait sa source que dans la liberté, mais à la condition que cette liberté serait vraie, c'est-à-dire républicaine; *qu'il y aurait des patrons et des ouvriers au travail seulement, des citoyens libres dans la vie privée, et des électeurs égaux devant l'urne.*

FIN.

TABLE DES MATIÈRES

www.ingramcontent.com/pod-product-compliance
Ingram Content Group UK Ltd.
Pitfield, Milton Keynes, MK11 3LW, UK
UKHW021054200726
13857UKWH00003B/908